CONVERSACIONES CON DIOS PARA JÓVENES

CONVERSACIONES CON DIOS PARA JÓVENES

Neale Donald Walsch

AGUILAR

FONTANAR

AGUILAR

FONTANAR

D. R. © Neale Donald Walsch 2011
De esta edición:
D. R. © Santillana Ediciones Generales, S. A. de C.V., 2011.
Av. Universidad 767, Col. del Valle.
México, 03100, D.F. Teléfono +52 55 54 20 75 30

Publicado originalmente por
Hampton Roads Publishing
Company, Inc.
Traducción: Alejandra Ramos Aragón

Primera edición: marzo de 2011
ISBN: 978-607-11-0905-7
Diseño de portada y de interiores: Víctor Ortiz Pelayo - www.nigiro.com
Imagen de cubierta: www.stockxchange.com

Impreso en México

Índice

Conversaciones con Dios para jóvenes

Prólogo

A lo largo de los años, todas las emociones que me han embargado, las preguntas que me he formulado y la salvaje pasión que las impulsa, me han hecho sentir abrumada.

A través de mi existencia he podido percatarme de que estas preguntas cubren un espectro muy amplio: todo lo que va desde: "¿Quién es Dios y a dónde voy al morir?", hasta: "¿Por qué estoy aquí?" y "¿Por qué siento cosas horribles respecto a mi cuerpo?"; o desde "¿Por qué al sexo lo rodea tanta vergüenza?", hasta "¿Por qué existe la guerra?"; y millones de preguntas que quedan en medio (¡y que son demasiadas para incluirlas en la lista!).

También llegué a sentir que las respuestas que me daban en la escuela, aquellas que debía respetar, generaban en mí una sensación de resistencia. Había, entre todas, muchas respuestas motivadoras y con resonancia, pero también había otras cuyo mensaje transmitía la imposibilidad de elegir la existencia de un sistema patriarcal y la presencia de un objetivo hacia el cual nuestra vida entera debía enfocarse si deseábamos tener éxito (ah, y claro, también había respuestas sobre lo que significaba tener éxito).

Había mensajes de intolerancia y enjuiciamiento, de exclusión y competencia. Todos estos mensajes (y muchos más) generaban una discordancia con lo que yo percibía dentro de mí. Parecían confusos, equívocos, inconsistentes e hipócritas. Y sin embargo, todo lo que estaba aprendiendo entonces giraba alrededor de esas nociones. El mensaje que recibía indicaba que los seres humanos estábamos apartados, que algunos eran mejores que otros, que no había suficiente de nada y que, por tanto, teníamos que reñir para conseguir lo que se pudiera. Que si deseaba algo que no coincidía con la definición que mis maestros, mi comunidad o la sociedad tenía de lo que era benéfico, era mala persona.

Poco a poco fui absorbiendo estos y muchos otros mensajes. Claro que hubo resistencia y confusión, pero, a pesar de todo, en algún momento me los probé para ver si me quedaban. Algunos sólo como por un milisegundo y luego los boté, pero hubo otros sobre los que aún continúo reflexionando hasta ahora.

Asimismo, en aquel tiempo decidí no volver a la religión que había abandonado a los doce años: aquella que dejé porque percibí que era rígida y excluyente, y que transmitía mensajes hipócritas.

Lo más difícil de abandonarla fue el hecho de que me quedé ante el gran desafío de establecer una nueva relación con Dios. Al no tener religión, me encontré perdida, sin saber por dónde comenzar y, a pesar de que creía en Dios, pasaron muchos años entre el momento en que me despedí y el momento en que me conecté de nuevo con la religión de una manera en la que me sentí cómoda y transparente con mi nuevo y redefinido Dios.

Un día, al final de una gira que duró año y medio, me senté sola en el jardín de mi casa (un sitio a donde voy con frecuencia cuando necesito un momento de reflexión profunda). Había surgido un gran conflicto dentro de mí: por un lado me sentía agradecida, más allá de toda definición, por poder crear y por haber experimentado todo lo que había sucedido durante la gira. Pero, al mismo tiempo, me sentía incómoda, abrumada y desilusionada por la forma en que estas mismas experiencias podían marginarme y distanciarme (entre muchas otras cosas) de los demás.

Yo había alcanzado todo lo que mi familia y el mundo me habían enseñado a anhelar. Al reflexionar al respecto, que dichos logros se sentían como el resultado natural de mi esfuerzo y que, a su vez, dicho esfuerzo había sido impulsado por distintas motivaciones.

Entre ellas, había dos que resultaban ser las más obvias: la primera (y la más relevante) mi deseo de expresarme y comprenderme con honestidad a mí misma y al mundo en el que vivía. Después sentí que si les ofrecía a otros seres humanos algo con qué relacionarse, ellos podrían validar sus experiencias y sentir apoyo o consuelo, fue así que surgió en mí el deseo de compartir con la gente estas revelaciones personales y ese amor.

Sentí que si la gente descubría que habíamos tenido experiencias similares, nos sentiríamos más conectados. También sentí que al ofrecerme compasión a mí, estaría inspirando a otros a hacer lo mismo por ellos y que, por tanto, mis expresiones serían, al menos, algo con lo que la gente podría definirse a sí misma de acuerdo con la forma en que decidiera relacionarse con dichas expresiones (es decir, amándolas u odiándolas).

La segunda motivación fue el deseo de trabajar más allá de una visión personal y de satisfacer la curiosidad que me causaba lo que la sociedad indicaba que era el tipo de éxito que debía lograr para convertirme en una persona valiosa.

Para ese punto de mi vida ya había experimentado lo que la sociedad definía como el pináculo que debía alcanzar y, sin embargo, continuaba sintiendo que me hacía falta algo. Me propuse comprender qué era.

Así que fui a la India con la intención de alejarme de la presión que tenía de continuar produciendo a una velocidad apabullante. Me fui a reflexionar y a tratar de ser lo más objetiva posible con respecto a mi existencia.

Alguna vez bromeé con un amigo y le dije que me iba a la India a hacer lo mismo que podría haber hecho en mi propio jardín. No obstante, era mucho más sencillo estar en un lugar en donde no me estarían preguntando: "¿Cuándo va a salir tu nuevo CD?", claro que es una pregunta inofensiva, pero en ese momento no me ayudaría a solucionar mi situación.

Lo más importante es que, cuando viajé a la India, también pude viajar hacia mi interior. Aunque ya estaba algo familiarizada con los viajes internos, en esa ocasión conseguí llegar a un lugar mucho más profundo. Y encontré dentro de mí un paisaje más inspirador que cualquiera de los países que había conocido.

El viaje fue real y también figurado. Lo hice justamente después de aquella primera dosis de fama, después de haber alcanzado cierto estatus, después de haber manifestado mi forma más real de expresión y de haber experimentado los resultados de ese éxito.

Impulsada por el deseo de sentir cierta paz que no había experimentado aún, con la mejor disposición pude liberarme. Me desprendería de todo: estaba dispuesta a dejar cualquier posesión material, todo símbolo de estatus. Estaba lista para hacer cualquier cosa que fuese necesaria para anular todo lo que no era real y así encontrar la paz. Incluso estaba lista para liberarme de cualquier pretensión de expresarme a través de la música y de las letras de mis canciones, las cuales eran formas con las que me había sentido muy cómoda desde que era pequeña. Es decir, que, a pesar de que no sabía lo que se requeriría, estaba cruelmente dispuesta a hacer lo que fuese necesario para sentirme en paz.

En ese momento parecía que la mayor parte de lo que había estado haciendo no funcionaba. No podía sentir la alegría que, según yo, me correspondía por nacimiento. De alguna forma descubrí que deshacerme de todo no era lo que necesitaba hacer para alcanzar la paz y la claridad. Pude comprender que esa voluntad de hacer lo que fuese necesario y mi disposición a crecer en territorios desconocidos sería lo que tendría un mayor impacto en la eventual realización de mis objetivos.

Sentí que estaba preparada para liberarme de las expectativas que tanto yo como los demás generábamos de mí. En un intento por descubrir quiénes eran mis verdaderos amigos revalué mis amistades, e incluso, en algún momento, recuerdo haber compartido con un amigo mi preocupación sobre si estaba en el momento adecuado para morir porque, de alguna extraña forma, creía que mi fin estaba cerca. Me siento muy agradecida porque al parecer no fue así. Exploré las voces que hablaban en mi cabeza y que transmitían aquellos mensajes que no tenían que ver con el amor (y hasta la fecha continúo revisando las grabaciones que hay en mi mente).

En aquel entonces deseaba aclarar cuál era mi verdadero propósito en la vida: evolucionar, expresar, definir, aceptarme y amarme, y provocar, en la medida de lo posible, que otras personas también lo hicieran consigo mismas.

Exploré con mayor atención muchas de las enseñanzas que había recibido para ver si me servirían para lograr mis objetivos. Fueron momentos hermosos y terribles también. (Ahora, con mucha frecuencia, cuando despierto por la mañana me alegro de volver a experimentar ese mismo nivel de renacimiento.)

En el exterior, mi vida no cambió demasiado porque, en realidad, estaba bien preparada. Sin embargo, los cambios internos modificaron la forma en que me relacionaba con muchas cosas.

Cuando fui a la India llevé conmigo un libro que me ayudó a explorar mis verdades más profundas, un libro que alteró mi vida y tuvo un gran impacto en mí. Ese libro fue *Conversaciones con Dios*, Libro 1, de Neale Donald Walsch. Poco antes de viajar una amiga me lo regaló. Creo que ella se dio cuenta de la situación en que me encontraba y sintió que ese libro podría ofrecerme un poco de la motivación e introspección que estaba lista para recibir: el texto me dio eso y mucho más.

En cuanto descubrí aquel libro, me sentí mucho menos sola. Sentí más comprensión, reafirmación. Me sentí menos demente. Al leerlo derramé muchas lágrimas de epifanía. Me sentí validada, inspirada, reconfortada. Sentí una conexión con todo lo que estaba vivo. Me sentí motivada, reconocida. El libro mostraba a Dios de la misma forma en que yo siempre lo había imaginado: incondicionalmente amoroso, congruente y sin expectativas. Sentí como si volviera a casa.

El libro llegó en un momento perfecto de mi vida. Además, comprendí que haber tenido la compañía de un libro como éste en el pasado, me habría salvado de muchos momentos de sufrimiento y soledad que experimenté en los años anteriores a la primera vez que lo leí.

Me alegra mucho saber que el libro se publicó y que, si así lo deseas, lo podrás leer en este momento de tu vida. También me alegra saber que ahora también se encuentra disponible esta versión para jóvenes.

Deseo que éste y todos los libros de *Conversaciones con Dios* te conmuevan de la forma en que lo hicieron conmigo. También espero que sepas que hay mucha gente de todas las generaciones que se siente orgullosa y agradecida de saber que tú eres uno de los encargados de darle forma al futuro.

Te envío un fuerte abrazo por todo el valor y la disposición que tienes y que se requiere para leer un libro como éste. También agradezco profundamente tu contribución para el planeta, sin importar de qué tipo haya sido, sin importar si tú la consideras muy valiosa o dulcemente sencilla. Gracias.

Y creo que el mundo también quiere agradecerte por ser precisamente quien eres en este instante.

Cuídate mucho,
te envío todo mi cariño,
Alanis Morissette

1

Por fin, ¡respuestas!

Imagina que le puedes hacer a Dios cualquier pregunta que se te ocurra. Preguntas como:

¿Por qué no pueden mis padres mantenerse enamorados y no divorciarse?

O…

¿Cómo decides a quién le toca ser Alanis Morissette o Michael Jordan, y a quién le toca vivir una vida normal?

O…

¿Por qué no puedo tan sólo tener sexo y que todo mundo esté de acuerdo con eso? ¿Por qué tanto alboroto?

Y ahora imagina que recibes la respuesta a tus preguntas.

Respuestas como:

"Tus padres sí pueden mantenerse enamorados y no divorciarse, pero eso requeriría un cambio en las cosas que ellos creen. Tú también podrías estar bien y tener una vida feliz aunque tus padres se separaran, pero eso requeriría un cambio en las cosas que tú crees".

"Yo no soy quien decide a quién le toca ser Alanis Morissette o a quién le toca vivir una vida normal. Eres tú quien lo hace. En este preciso momento estás tomando esas decisiones. El problema es que no sabes que las estás tomando y tampoco sabes la forma en que eso sucede".

"Puedes tener todo el sexo que quieras, todos los días de tu vida, y todo mundo estará de acuerdo con eso. Pero primero necesitas entender qué es el sexo porque podría no ser lo que tú imaginas que es".

¿Te gustaría escuchar más? Lo harás enseguida.

Este libro contiene preguntas parecidas a las anteriores, formuladas por adolescentes de todo el mundo. Las respuestas que aquí encontrarás se ofrecen tan sólo para que las evalúes. Este libro no está aquí para darte "las respuestas", porque lo último que necesitas es que alguien más te dé "las respuestas". Con suerte, este libro te acercará a tus propias opiniones. En cuanto estés en contacto con ellas, podrá llegar a su fin toda la desesperanza que a veces sientes.

Este libro es el resultado de una conversación con Dios. Claro, de acuerdo, de acuerdo: tú ni siquiera estás seguro de que Dios exista y, mucho menos, de que pueda tener una conversación conmigo, ¿verdad? Pero no debes preocuparte ahora por eso. Si no crees en Dios, entonces puedes considerar que el libro es una obra de ficción. No hay problema, porque será una lectura provechosa de cualquier forma. Tal vez sea el mejor libro que leerás jamás.

Yo sí creo que Dios existe y también creo que se comunica con nosotros. Yo charlo con él todo el tiempo. Un poco más adelante te explicaré cómo se llevan a cabo estas conversaciones, pero, por ahora, por favor considera la posibilidad de que este libro llegó a tu vida para cambiarla, y para cambiar la vida de quienes te rodean, si así decides que sea.

Y por favor, ni siquiera se te ocurra pensar que llegó a ti por accidente: tú lo llamaste.

Tú llamaste a este libro porque vives en un mundo demente y deseas que eso cambie. En algún lugar dentro de ti, en lo más profundo, sabes bien cómo podría ser la vida. Sabes bien que no se trata de estarnos lastimando los unos a los otros. Sabes que nadie tiene derecho a reclamar todo, a tomarlo todo, y a acumularlo mientras los otros tienen tan poco.

Sabes bien que el poder no es lo correcto, sabes que lo que importa es la verdad, la apertura, la transparencia y la justicia, no las estrategias oscuras ni los tratos por debajo del agua; no las maniobras tras bambalinas, ni sacar ventaja de otros. Tú sabes que aprovecharse de los demás, al fin y al cabo, no te proporciona ninguna ventaja.

Sabes esto y mucho más.

También sabes que muchas de las cosas que enseñan en la escuela no tienen sentido. ¿En dónde están las clases en las que enseñarán materias como: "Cómo repartir el poder", "Cómo convivir y cooperar", "Cómo aceptar las diferencias y celebrar la diversidad", "Cómo vivir la sexualidad sin vergüenza", "Cómo comprender lo que es el amor incondicional"?

¿En dónde están los cursos de: "Vida sustentable", "Economía responsable" y "Adquisición de conciencia colectiva"? ¿En dónde están los cursos que realmente importan? ¿Acaso la lectura, la escritura y la aritmética no se pueden enseñar en conjunto con las materias que sí son relevantes, en lugar de reemplazarlas?

Por supuesto que se puede y tú lo sabes bien.

Sabes eso y mucho más.

Tú sabes que los sistemas políticos del planeta son una porquería: no funcionan. Ni siquiera podemos elegir a un presidente y asegurarnos de que se cuenten bien todos los votos. Y si no podemos encontrar una forma para hacer que el proceso de votación funcione, mucho menos podemos lograr que, después de la elección, el proceso político prospere.

Sabes esto y mucho más.

Sabes que la hipocresía es la soberana que rige la vida de muchísima gente. No de toda pero sí de mucha. Las personas dicen una cosa y hacen otra, y piensan que no te darás cuenta del engaño, que no estás atento o que no eres tan inteligente como para detectar que lo que estás observando es pura y simple hipocresía.

Sabes esto y mucho más.

Tú sabes lo que se premia y lo que se castiga en nuestra sociedad, y también sabes que la forma en que entendemos estos valores es un completo desastre. Sabes que le pagamos treinta millones de dólares al año a un hombre para que juegue de primera base para los Yankees de Nueva York, y tan sólo treinta mil dólares a quien cuida a nuestros enfermos, les da clases a nuestros niños, o guía en la fe a nuestros desesperanzados. Y eso, eso es una locura.

Sabes esto y mucho más.

Tú sabes que vivimos en una sociedad que se empeña en utilizar un tipo de energía que, para empezar, al tratar de resolver un problema, provocó otro mayor. Una sociedad que asesina para evitar que otros asesinen, que usa la violencia para frenar la violencia misma, que aplica la injusticia en nombre de la justicia, la desigualdad en nombre de la equidad, la intolerancia en nombre de la tolerancia, las guerras en nombre de la paz y que, en la búsqueda de un futuro congruente, aplica toda su locura.

Tal vez te preguntas: "¿Qué es lo que está sucediendo?", pero ya sabes bien lo que es. No es necesario que te lo digan. Es sólo que te gustaría que alguien hiciera algo al respecto; sólo desearías que alguien pudiera actuar. Porque, hasta ahora, el paisaje sigue luciendo bastante sombrío.

¿Y por qué se ve así? En pocas palabras, porque todo mundo miente al respecto, porque nadie quiere describirlo de la forma en que es en realidad.

Muy bien, pues eso va a cambiar.

Justo aquí.

Justo ahora.

Con este libro.

2

La hora de la verdad

Tú sí dices la verdad y eso es lo más *cool* de tu forma de ser. Es decir, no vas por ahí tratando de engañarte y de engañar a todos los demás. Tú sencillamente eres y ya: si a los otros no les agrada, pues ni modo, así son las cosas y no vas a cambiar sólo por complacerlos, ¿verdad?

De acuerdo, pues eso significa que estás listo. Porque la gente que dice la verdad, por lo general, es la gente que está preparada para escuchar la verdad. Eso resulta ventajoso, ya que aquí vamos a hacer algo interesante, en serio: vamos a tener una conversación con Dios y si no estás preparado, no va a funcionar.

¡Ah! Pero claro, la conversación sí va a funcionar porque, sencillamente, no podrás evitarla. Todos conversamos con Dios a cada minuto del día. En todo caso, lo que podría no funcionar sería tu habilidad para "sintonizar" la frecuencia. Tal vez podrás leer al respecto, pero no comprenderás el significado. Es igual que con muchas cosas en la vida: tienes que estar alerta.

En este momento, la mayoría de la gente del planeta se encuentra atorada. Ha sido así durante cincuenta años. Usamos ideas que tienen cincuenta años de antigüedad; procedimientos con medio siglo de edad. Y a pesar de lo obsoleto de todas estas nociones, aún nos rigen.

La gente no está lista. Me refiero a la que vive y funciona con este tipo de ideas, la que mete la mano al fuego por ellas. No está lista. Esa gente no está lista para el cambio, o al menos, la mayoría no lo está.

No obstante, creo que tú sí estás preparado, así que permíteme explicarte qué sucede.

Yo escribí un libro que se llama *Conversaciones con Dios*, porque quería saber por qué no funcionaba mi vida, por qué siempre parecía estar en una lucha constante. Quería saber cuáles eran las reglas y cómo podía "jugar" sin perder siempre. También quería saber cuál era el objetivo de toda mi existencia.

El resultado de esa llamada de ayuda fue un diálogo con Dios; un diálogo que sucedió en mi mente y que plasmé en papel. Otras personas encontraron cierto valor en el texto y éste terminó siendo traducido a veintisiete idiomas.

Mis preguntas continuaron y hubo más libros. Después, alguien preguntó: "¿Por qué no escribes un libro para adolescentes?" Y yo dije: "Porque no sabría qué preguntar". Y la respuesta fue: "¿Por qué no permites que ellos te lo indiquen?"

Y fue entonces que comencé a preguntarle a los adolescentes, en persona y a través de Internet: "Si pudieras hacerle a Dios cualquier pregunta, ¿cuál sería?" Recibí cientos de respuestas. Aquí te presento algunas de ellas:

"¿Por qué permites que abusen física y sexualmente de los niños?", "¿Por qué no toda la gente nace siendo inteligente?", "¿Por qué está el mundo repleto de odio?"

"¿Qué sucede con la brecha generacional?", "¿Por qué nuestros padres no pueden hablar con nosotros?", "¿Y por qué estamos bajo tanta presión de nuestros padres, de la escuela, de todo mundo?"

"¿Es el destino el que controla mi vida?", "¿Por qué en la escuela sólo nos enseñan hechos y no ideas?", "¿Voy a regresar a Ti?", "¿Estarás orgulloso de mí?"

"Tengo trece años, ¿por qué tengo que pagar boleto de adulto en el cine, pero no me dejan ver películas clasificación C? Es una regla estúpida". "¿Por qué, después de siete horas de clase, todavía tenemos que hacer tres horas de tareas?"

"Me siento confundido y atemorizado respecto a los recientes descubrimientos sobre mi identidad sexual. ¿Cómo puedo comunicar esto a las personas que amo?"

"¿Por qué siguen haciendo leyes estúpidas?", "Si tú nos creaste, ¿quién te creó a Ti?"

"¿Cómo es posible que un Dios misericordioso pueda marginar otras opiniones y ser tan intolerante?", "¿Por qué un Dios de piedad infinita puede condenar a alguien?", "¿Por qué condenar la magia curativa?", "¿Por qué condenar de manera permanente las transgresiones momentáneas?"

"¿Por qué mis padres sólo notan mis errores?", "¿Por qué los adultos exigen respeto pero no lo brindan?"

"¿Por qué mueren las personas?", "¿Por qué no podemos vivir eternamente?", "¿Cómo es en realidad la vida después de la muerte?"

"¿Por qué puedo ir a morir por mi país a los dieciocho años, pero no puedo disfrutar de una cerveza fría en un día caluroso?"

"Siento que debo ser exitoso en todo y parece que mis padres así lo desean con desesperación. Pero, ¿qué es el 'éxito'?"

"No sé si juntarme con los chicos populares de la escuela o con los chicos marginados y fachosos. ¿Por qué todo mundo tiene que apartarse de los demás?"

"¿Por qué mis padres arman tanto alboroto respecto al sexo? ¿Por qué, Dios mío, se ponen muy locos?"

¿Verdad que son muy buenas preguntas? Pues todas las responderemos aquí en el libro, al igual que muchos otros cuestionamientos sobre la autoridad, sobre cómo escoger la carrera adecuada, sobre las drogas, sobre casarse o vivir con alguien, sobre cómo se producen las experiencias en nuestra vida, e incluso sobre la apariencia de Dios.

Vayamos ahora a una de las preguntas para que puedas ver cómo se lleva a cabo el proceso. Después de eso, quisiera explicarte el método con el que se "reciben" las respuestas.

Esta pregunta la envió una joven llamada Varinia:

¿POR QUÉ PERMITES QUE ABUSEN FÍSICA Y SEXUALMENTE DE LOS NIÑOS?

Varinia, mi querida, querida amiga. Sé que en lo profundo de tu alma deseas que se pudieran eliminar de la Tierra todos los tipos de crueldad que hay. Mucha gente también lo desea y, por ello, trabajamos para que eso suceda.

Existe mucho abuso sexual en el mundo, porque también hay un exceso de represión sexual. Desde muy jóvenes, a los humanos se les ha enseñado que deben sentirse avergonzados de su cuerpo y culpables respecto a su sexualidad. Como resultado, hay millones de personas reprimidas sexualmente. No creerías cuántas.

Más adelante en esta conversación, hablaremos sobre cómo puedes colaborar para cambiar esa situación y sobre cómo puedes lidiar con la represión de quienes te rodean. Pero, tú no me preguntaste por qué había abuso sexual y físico en el mundo, me preguntaste por qué lo permito, y estoy consciente de que ésa es una pregunta completamente diferente.

SÍ, ASÍ ES. ENTONCES, ¿POR QUÉ LO PERMITES?

Cuando yo creé la vida de la forma en que la conoces, lo hice de una forma muy sencilla, separándome en innumerables partes de mí mismo. Ésta es otra forma de decir que "fuiste creada a imagen y semejanza de Dios".

Ahora, como Dios es el Creador, eso significa que todos ustedes también lo son. Tú tienes libre albedrío de la misma forma en que yo lo tengo. Si yo no te hubiera otorgado el libre albedrío, no podrías crear, sólo podrías reaccionar. Si sólo pudieras hacer lo que te ordeno, entonces tampoco podrías crear, sólo podrías obedecer.

Pero la obediencia no es creación: es un acto de sumisión, no de poder. Dios no es sumiso ante nadie, y, dado que eres parte de Dios, entonces, por naturaleza, tampoco tienes que demostrar sumisión ante nadie.

Es por ello que, cuando te fuerzan a la sumisión, te molestas de inmediato. Porque va en contra de tu naturaleza, porque es una violación a quien eres, y atenta contra de tu esencia.

Los adolescentes lo saben mejor que nadie.

PERO, ¿Y QUÉ PASA CON ESOS SERES HUMANOS QUE CON SU LIBRE ALBEDRÍO HAN HERIDO PROFUNDAMENTE A OTROS?

Ha existido mucha gente así, y es verdad que pude haberlo impedido todo. Pero no lo hice porque el mismo "proceso de la vida" es la expresión del libre albedrío. Cualquier otra conducta que no satisfaga esa libertad, no es vida, es la muerte.

La expresión del libre albedrío debe permitirse incluso cuando no honra al mayor de los ideales, de otra forma, no es libre albedrío, es una burla.

Las palabras "libertad" y "Dios" son intercambiables; no es posible tener una sin la otra. La libertad debe existir para que Dios también exista.

Por otra parte, la belleza de la libertad radica en que todos los seres la pueden expresar, no sólo algunos de ellos. Esto significa que la gente de la Tierra tiene la libertad de eliminar de su experiencia colectiva las situaciones de abuso, físico y sexual, de manera permanente. Asimismo, la gente también puede eliminar otras condiciones que implican crueldad y miseria, y que soportan en la actualidad.

¿CÓMO?

Ésa es la respuesta que se responderá en este libro.

Pues bien, éste es el tipo de diálogo que vas a encontrar aquí. Todas las preguntas "guía", es decir, las preguntas que propician una sección del diálogo, me las enviaron jóvenes iguales a ti. Algunas de las preguntas subsecuentes las formulé yo porque sentí que los jóvenes que enviaron las preguntas iniciales continuarían indagando si tuvieran la oportunidad de hacerlo.

Para comprender mejor cómo funciona el proceso de la "conversación", tal vez te ayude saber que, como ya lo mencioné, todos entablamos conversaciones con Dios cotidianamente, y eso te incluye a ti, aunque tal vez nunca las has considerado de esa forma.

Dios habla con nosotros todos los días, él nos contacta usando el universo como medio de comunicación. De forma constante, la vida habla con la vida, acerca de la vida. Y la vida siempre nos está enviando sus mensajes.

La verdadera sabiduría se puede encontrar en el comentario aleatorio de un amigo al que te encuentras en la calle, en la letra de la siguiente canción que escucharás en la radio, en las palabras que, de tamaño mayúsculo, te confrontan desde el anuncio que está en la esquina próxima, en la voz que escuchas susurrar dentro de tu cabeza, o en este libro que llegó a tus manos "por accidente".

Ahora sustituye las palabras "verdadera sabiduría", escritas en el párrafo anterior, por "Dios", y entonces comprenderás cómo se lleva a cabo tu conversación con Él. Dios nunca ha dejado de inspirar a la raza humana, lo hace enviándonos mensajes: ideas, pensamientos, letras de canciones, palabras de un libro… lo que se te ocurra.

En mi caso, las conversaciones con Dios por lo general suceden como pensamientos en mi cabeza, en particular cuando necesito ayuda para responder a una pregunta (y cuando estoy de verdad dispuesto a mantenerme en silencio lo suficiente como para escuchar la respuesta). Dios "me habla" con una voz distinta a la de todos los demás. La he llamado una "voz sin voz"; es algo así como la voz de tus propios pensamientos.

Ahora tal vez dirás, "Bueno, eso es porque ¡son tus propios pensamientos!, ¿qué te hace creer que es la voz de Dios?". La anterior es una pregunta justa. Cuando yo se la hice a Dios, ésta es la respuesta que recibí:

Neale, ¿qué otra forma escogería si quisiera comunicarme contigo? ¿Qué acaso lo más efectivo no sería 'poner pensamientos en tu cabeza'?

Cuando santo Tomás de Aquino tuvo 'pensamientos' sobre la teología, ¿acaso no se dijo que 'Dios lo había inspirado'?

Cuando Amadeus Mozart tuvo 'pensamientos' sobre la música, ¿acaso no se dijo que 'Dios lo había inspirado'?

Cuando Thomas Jefferson tuvo 'pensamientos' sobre la libertad, ¿acaso no se dijo que 'Dios lo había inspirado' a redactar una declaración sobre 'una nación bajo Dios'?

¿Cómo crees que me comunico con la gente sino colocando 'pensamientos en su cabeza'? ¿Crees que sólo toco a su puerta vestido con una túnica blanca y larga, sosteniendo un papiro?, ¿crees que aparezco envuelto en una nube de rocío sobre sus camas y disparo mi sabiduría al aire? ¿Eso sería más creíble para ti?

¿Es ésa tu idea de cómo son las cosas? ¿Que entre más asombroso es algo, más fácil será creerlo?

Te diré algo: yo me acerco a la gente de la forma más creíble que puedo, y lo hago así por una buena razón: quiero que me crean. Curiosamente, ni aún así me puedes creer.

Para la mayoría de la gente, una aparición sería la forma más creíble de que Dios se presentara ante ella. Una aparición en la que yo surgiera vestido con una túnica y entregando una tabla con mandamientos. Eso ya lo hice anteriormente, claro. Pero, ¿tú crees que estoy limitado a ese tipo de comunicación?

Con frecuencia –con mucha más frecuencia de lo que parece–, me acerco a la gente de una manera más natural, como algo que es parte integral de la vida misma. Puede ser como un pensamiento, un sentimiento o como inspiración. De

la forma en que ahora me acerco a ti gracias a las sensaciones que estás per-
cibiendo, a las palabras que escuchas y al párrafo que está haciendo contacto
contigo ahora.

Éstas fueron las palabras que llegaron a mí, y ésta es la forma en que se lleva a
cabo el proceso de mis conversaciones con Dios.

Ahora, creo que me vería muy bien si dijera que evalúo cuidadosamente
mis preguntas durante horas, que medito y oro, que permanezco sin mover-
me hasta que alcanzo la iluminación y me sacudo irrefrenablemente cuando
la energía de Dios fluye a través de las puntas de mis dedos. Pero la verdad es
que sólo escribo lo primero que me viene a la mente. No hago ningún tipo de
edición, no hago modificaciones, correcciones ni adecuaciones al lenguaje. Es
sólo cuestión de "escuchar" y escribir. Es como tomar dictado.

Lo he hecho durante los últimos diez años, desde que las circunstancias de
mi existencia me obligaron a buscar a Dios y a pedirle ayuda. Este libro, el más
reciente, lo escribí pensando exclusivamente en ti, en todos los adolescentes.
No lo hice sólo porque alguien me lo sugirió, sino porque recibí cientos de cartas de jóvenes de todo el mundo. En ellas me contaban el fuerte impacto que
habían tenido en ellos los primeros libros de *Conversaciones con Dios*. Además,
¡las cartas estaban repletas de nuevas preguntas!

Algunos de los adolescentes que enviaron estas preguntas me dijeron que
yo no podía usar su verdadero nombre, otros me pidieron que no lo hiciera. Por
tanto, para mantener el texto homogéneo, usé solamente el primer nombre y la
edad de cada adolescente. Incluí el lugar de origen cuando me fue permitido, y
la palabra "anónimo" cuando así me lo solicitaron.

Después de dos años de hablar con gente joven como tú, y de acumular preguntas, le pedí, precisamente, a un joven que fuera mi asistente y que me ayudara a
dividir las preguntas en categorías para poder abordarlas en una secuencia lógica.

En algunos casos les envié la respuesta a los adolescentes que formularon
la pregunta. Lo hice porque quería saber si dicha respuesta les producía alguna
reacción o si motivaba preguntas subsecuentes. Como ya lo mencioné, también añadí algunas preguntas que yo formulé porque sentí que los jóvenes que
me enviaron las primeras habrían continuado preguntando de haber tenido la
oportunidad de seguir la conversación. Y sí, también incluí preguntas que yo
mismo estaba interesado en preguntar. Por tanto, mezclé mi voz con la tuya y,
de esa forma, produje un diálogo.

En algunos casos las respuestas que recibí estaban dirigidas directamente a mí, en otros, estaban destinadas a la persona que había formulado la pregunta original. Creo que algunas de las respuestas también están dirigidas específicamente a ti, joven lector.

Para mí fue muy emocionante crear este libro, porque creo que, en cuanto lo leas, se podrá generar cierta magia. Lo primero que sucederá en cuanto veas las preguntas y las respuestas es que: *a)* estarás de acuerdo con la respuesta, *b)* no estarás de acuerdo con la respuesta, *c)* te quedarás justo en medio de *a)* y *b)*. En ese momento se producirá la magia: ése será el punto en el que las respuestas te harán darte cuenta de lo que tú piensas y de lo que tú sientes. Entrarás en contacto con tu propia sabiduría, la que yace dentro de ti. Ésa es la maravilla y la magia que hay en toda buena conversación, y ése es el propósito de todas tus conversaciones con Dios.

3

Los hacedores del cambio

Ustedes, los jóvenes, son fascinantes, lo quieren saber todo. Todavía no se cansan de hacer preguntas. Existen algunos adultos que son así también, pero hay otros que no. Por desgracia, los últimos son muchos. Son adultos que se han vinculado con una religión, una filosofía, un partido político, o las tres cosas, y, por tanto, dejaron de hacer preguntas porque creen que ya tienen todas las respuestas.

Pero no es así. La forma en que funciona el mundo en la actualidad nos hace pensar que las respuestas que tenemos, en realidad, no tienen ningún sentido. Sin embargo, la mayoría de la gente no está preparada para escuchar esto. Creo que tú sí lo estás. Claro, eso no te hace mejor persona, tan sólo te hace diferente y, diferente no significa mejor, sólo significa eso: ser distinto a los demás.

Es importante que tengas claro lo anterior. También es importante que tengas claro que, al ser diferente, tú puedes generar una diferencia.

Verás, ustedes los jóvenes están justo en el límite, han llegado al extremo. No obstante, también deben saber que ser diferente sólo por el gusto de serlo es en realidad un juego de niños. Ser diferente con el objetivo de hacer la diferencia es otro asunto por completo. Hacer la diferencia es sólo para aquellos quienes desean que su vida de verdad valga la pena. Y no que valga la pena ante los ojos de otros (ya sabes que eso no es relevante), sino que valga la pena para ellos mismos.

Hay personas que logran hacer una diferencia en el planeta con su propia vida. Son estas personas las que, finalmente, son capaces de cambiar el mundo.

Es muy posible que no se conviertan en líderes y tengan un impacto en toda la gente (aunque, claro, algunos seguramente lo harán). Tal vez, tampoco cambien el mundo con sólo subirse a un pedestal entre la multitud y gritar: "Síganme" (claro, algunos sí lo harán). Y tal vez tampoco escriban *best-sellers* ni aparezcan en películas con una temática muy profunda, y tampoco canten canciones con un significado de gran peso (aunque, claro, algunos de ellos sí seguirán ese camino).

Muchos de estos seres lograrán el cambio moviéndose con discreción en el mundo, pocas veces vistos pero siempre recordados por aquellos cuyas vidas tocaron. El cambio lo generarán con tan sólo ser diferentes, con actuar de una manera distinta. Lo harán caminando a un ritmo distinto al que caminan los demás. Lo harán viviendo la vida de otra manera: con reglas diferentes.

A esto es lo que se refiere el concepto de ser diferente para hacer una diferencia y no sólo por el gusto de serlo.

Ahora bien, algunos dirán: "Pero, ¿cuál es la diferencia? ¡Nunca cambia nada, jamás!". ¡Ah!, pero aquellos que lo dicen no saben que nuestras vidas pueden modificarse de manera individual y que el mundo también puede evolucionar. Hay muchas personas, muchas de ellas adolescentes que, en este preciso momento, están modificando la conciencia colectiva de quienes las rodean. Algunas lo hacen de manera pública, otras lo hacen en privado, pero lo están haciendo.

Estas personas son los hacedores del cambio. Es su forma de ser, está en su naturaleza. En cuanto entran a una habitación, todo muta, todo se hace más ligero y se percibe de otra forma. De pronto, todo es agradable. Y el mundo, aunque sea sólo por un instante, se convierte en un lugar mejor.

Tú sabes de qué tipo de persona estoy hablando. Y tú puedes ser así. Es posible que ya tengas ese tipo de impacto, tal vez ya eres uno de los hacedores del cambio. La pregunta no es si eres un hacedor del cambio, sino qué es lo que vas a cambiar ahora.

Todo lo anterior fue lo que te condujo a este texto. Como ya lo mencioné, tú invocaste al libro. Tal vez llegó a ti a través de una ruta indirecta, pero eso no significa que no hayas tenido una participación activa en elegirlo para su lectura. Créeme, a cierto nivel, tú lo elegiste, de otra forma no lo tendrías en tus manos. Tal vez lo llamaste a un nivel subconsciente, pero definitivamente lo hiciste.

¿Por qué? Porque quieres ver cambios y los quieres ver ahora. No el próximo año, no más tarde, no algún día "en el futuro". Los quieres ver ahora porque... estás listo para ello.

Estás listo para experimentar, justo aquí, justo ahora, la sabiduría que hay dentro de ti, el valor que te pertenece y la verdad que mora en tu corazón. Estás ansioso por aplicar esa verdad a la vida. Te gustaría que todo el mundo aplicara las verdades más grandes porque estás seguro de que tiene que haber otra forma de vivir. Lo sabes, es obvio para ti.

Como ya lo mencioné, mucha gente no desea recibir respuestas nuevas ni provocar cambios. No ahora. Muchos no están dispuestos a ver las cosas de la forma en que realmente son y, mucho menos, de la forma en que podrían ser.

Esa gente no está lista.

Tú sí lo estás.

Si ya leíste hasta este punto es porque, definitivamente, estás listo.

4

El diálogo inicia

Cuando comencé a formar el manuscrito de este libro, supe que quería poner en tus manos muchas de las otras fuentes que yo ya conocía y que estaban vinculadas con las preguntas y los temas que muchos jóvenes confrontan en la actualidad. Es por ello que, de vez en cuando a lo largo del libro, podrás ver un pequeño número como éste (1) insertado en el texto. Es lo que se conoce como nota al pie de página.

Al final del libro encontrarás breves notas que contienen el número correspondiente y que se refieren de forma directa a lo que se acaba de leer. Por lo general se trata de material adicional o de alguna fuente que me gustaría recomendarte. Cada vez que aparezca un número, puedes revisar rápidamente la sección de notas para ver de qué se trata sin interrumpir el flujo de la lectura.

Ahora bien, mientras reflexionaba sobre dónde debería comenzar este diálogo, pensé mucho en las preguntas que se repetían sin cesar de una forma u otra. Eran las preguntas que exigían una respuesta inmediata, así que ahí fue donde comencé: las escribí en la computadora y, a continuación, plasmé lo primero que se me ocurrió. Confío en que Dios haya inspirado la respuesta. Que haya inspirado todas las respuestas a las preguntas que hay en este libro.

Dejemos que el diálogo comience…

¿POR QUÉ EL MUNDO ES COMO ES? ¿POR QUÉ NO PODEMOS ACABAR CON TODA LA MATANZA Y EL SUFRIMIENTO? ¿POR QUÉ NO PODEMOS ENCONTRAR LA FORMA DE LLEVARNOS BIEN, DE SER AMABLES CON LOS DEMÁS, DE AMARNOS LOS UNOS A LOS OTROS? ¿SIEMPRE VA A SER ASÍ? ¿ACASO NADIE PUEDE HACER ALGO PARA CAMBIAR LA SITUACIÓN? ¿SERÍA MEJOR DARME POR VENCIDO, ABANDONAR LA ESPERANZA Y OLVIDARME DE QUE QUIERO QUE TODO MEJORE PORQUE, DE CUALQUIER FORMA, ESTO NO VA A FUNCIONAR?
OKEY, DIOS, SI ES QUE DIOS EXISTE, ¿QUÉ ONDA?

Me alegra que hayas expresado todo lo anterior. Muy buena pregunta. Me acabas de presentar un montón de buenas preguntas y un muy buen sitio para comenzar.

Pero primero, gracias por acercarte a este diálogo. Gracias por darme la oportunidad de hablar contigo de esta manera. Yo te hablo todo el tiempo (tal vez te hayas dado cuenta, tal vez no), pero no de la forma como lo estoy haciendo ahora. Es por ello que me alegra que se haya abierto esta línea de comunicación entre nosotros.

¡Ah!, y por cierto, sí existo. Dios sí existe.

Hablaremos al respecto un poco más adelante; ahora no me gustaría desviarme del tema porque estas primeras preguntas son muy relevantes.

El mundo es como es porque ésa es la forma que le han dado los seres humanos. Aunque el mundo no tiene por qué ser así, sí resulta necesario que la vida refleje todos los pensamientos que tienes respecto a ella. El mundo en que vives manifiesta todos los pensamientos colectivos de la raza humana, y a eso se suman todas las ideas que se han acumulado desde el principio de los tiempos hasta ahora.

Tu especie no ha sido capaz de acabar con la matanza y el sufrimiento porque es una especie cuya mentalidad siempre se ha inclinado hacia estas situaciones.

Quienes han estado en el mundo desde antes que tú, han creído que matar se justifica como un medio para resolver los desacuerdos y para obtener lo que quieren o lo que creen que necesitan.

También han creído que el sufrimiento es parte esencial de la vida. De hecho, algunos de ellos han llegado a asegurar que Dios así lo exige.

La experiencia humana actual se deriva de estas creencias. Los adultos generan su realidad cotidiana –¡y la tuya!– basándose en estas nociones.

Ustedes pueden encontrar el modo de ser amables y de amarse los unos a los otros, sin embargo, eso exigiría que renunciaran a las creencias que ya mencioné. Y quienes han vivido desde antes de que tú nacieras nunca han estado dispuestos a hacerlo. No abandones la esperanza, y, a menos de que te sientas satisfecho con cómo es el mundo, nunca renuncies a cambiarlo. Existe una sola razón importante para cambiar el mundo o cualquier otra cosa: para exteriorizar una declaración formal de quién eres tú.

Ése es el propósito de la vida entera.

🗨 **¿CUÁL ES EL PROPÓSITO DE LA VIDA? NO COMPRENDO A QUÉ TE REFIERES CON LO ANTERIOR. ¿CUÁL ES EL OBJETIVO DE LA EXISTENCIA? ¿CUÁL ES EL OBJETIVO DE QUE LA VIDA SEA ASÍ COMO ES? ¿CUÁL ES SU SIGNIFICADO?** (ADRIA, 18 AÑOS)

El objetivo de la vida es ofrecer una forma para que "todo lo que es" (a lo que muchos de ustedes llaman "Dios") se pueda conocer a sí mismo a través de la experiencia.

Dicho de otra forma, la vida es Dios experimentándose a sí mismo.

SI LA VIDA, DEL MODO EN QUE LA ESTAMOS VIVIENDO EN ESTE PLANETA (CON TODAS LAS MATANZAS, EL SUFRIMIENTO, CON TODA LA CODICIA Y EL EGOISMO), ES DIOS EXPERIMENTÁNDOSE A SÍ MISMO, ENTONCES NO QUIERO TENER NADA QUE VER CON ÉL.

Eso es comprensible porque, hasta este preciso momento, no has logrado ver el regalo.

¿QUÉ REGALO?

El regalo que le brindé a la raza humana.

A ESE DESORDEN QUE ES LA VIDA DE AHORA ¿LE ESTÁS LLAMANDO "REGALO"?

Sí, porque la estás viviendo exactamente de la forma que deseas y siempre obtienes lo que quieres.

PERO MUCHOS ADOLESCENTES NO LA VIVEN DE ESA FORMA, DE HECHO, NO CONOZCO A NINGUNO QUE ESTÉ EXPERIMENTANDO LA VIDA TAL COMO LE GUSTARÍA VIVIRLA.

La vida no es de la forma que muchos adolescentes quisieran porque ellos no son los seres más poderosos de tu mundo, y porque, quienes sí lo son, son los que, en realidad, dictan cómo deben funcionar las cosas. En general, esos seres pertenecen a una generación anterior y ni siquiera son la mayoría, sino un porcentaje muy bajo.

LO SÉ, LO SÉ, ¡ÉSE ES EL PROBLEMA!

Cuando ustedes, como especie, decidan que las cosas deben cambiar, entonces cambiarán.

SÍ, CLARO: LOS ADOLESCENTES VAN A CONTROLAR EL MUNDO.

Los adolescentes no van a controlar el mundo y, para ser honestos, si eso sucediera, ni siquiera te gustaría. Para crear ese mundo en el que deseas vivir, se requiere de la combinación de la sabiduría de todas las edades. Tendría que ser un mundo integral, con distintos puntos de vista pero lleno de gente con experiencias diversas; un mundo que le ofreciera a todos la alegría y la emoción de crear, en conjunto, resultados aceptables que provinieran de diversos entornos.

Así que no. Los adolescentes no van a controlar el mundo. No obstante, en los años venideros toda la gente tendrá que participar más en darle forma a su vida y a su futuro. Claro, eso será si ustedes deciden que ésa es la manera en que quieren que sean las cosas.

SÍ, SEGURO.

En serio. La razón por la que sólo un pequeño porcentaje de la gente controla la vida del porcentaje mayor es porque ese porcentaje mayor lo permite.

¿CÓMO SE PUEDE EVITAR QUE SUCEDA ASÍ, SI LA GENTE DEL PORCENTAJE MENOR ES LA QUE TIENE TODO EL PODER? LO ACABAS DE DECIR: SON QUIENES TIENEN TODO EL PODER.

El poder es algo que se confiere y no puede ser arrebatado. Se entrega. El poder se va porque quienes lo entregan se sienten impotentes. La ironía está en que se sienten impotentes porque cedieron su poder. Pero la verdad es que cuentan con todo el poder que desean, sólo que no lo quieren.

AJÁ: LOS ADOLESCENTES TIENEN TODO EL PODER QUE DESEAN, SÓLO QUE NO LO QUIEREN. SÍ, CÓMO NO.

Es verdad. Mira, piénsalo un poco: el poder que tus padres tienen sobre ti es el poder que tú les has otorgado. Si tú no quisieras darles ese poder, entonces no lo tendrían. Si tú decidieras que no quieres que te digan qué hacer, ellos no podrían hacer nada al respecto.

Los adolescentes les dan ese poder a sus padres porque los padres tienen algo que los adolescentes quieren. Puede ser cualquier cosa: amor, un lugar para vivir, alimentos, ropa, dinero para comprar lo que quieren, un coche, lo que sea.

En cuanto tú dejas de desear lo que tus padres tienen, o en cuanto dejas de necesitarlo, entonces ellos pierden todo el control que ejercen sobre ti. Mientras tanto, sólo estás usando tu comportamiento (en este caso, la obediencia que tienes con tus padres) para obtener algo que quieres. Así es como funciona el ejercicio del poder.

A MÍ ME SUENA A MANIPULACIÓN.

Así es. Si se hace de una forma deshonesta, se convierte en manipulación. Pero si se hace con apertura y rectitud, de tal modo que todo mundo entienda tus propósitos y tú entiendas los de los demás, entonces no es manipulación. Porque de esa forma todos comparten los mismos objetivos y, en ese contexto, no hay manera de manipular.

Así que, si se ejerce de la manera correcta, tú te conviertes en quien ostenta el poder.

NUNCA LO HABÍA PENSADO DE ESA FORMA.

Es por eso que te acercaste a este libro. Porque ya estás listo para conocer otra perspectiva. La conversación que vamos a tener te brindará muchas reflexiones y te revelará varios secretos.

¿ENTONCES QUIERES DECIR QUE LA GENTE OPRIMIDA DEL MUNDO EN REALIDAD NO ESTÁ SIENDO OPRIMIDA? ¿QUE ES "PODEROSA"?

Lo que quiero decir es que, en algún momento, hubo algo que esa gente necesitó y que intercambió su poder para obtenerlo.

Tal vez creyeron que quienes ahora los oprimen les proveerían seguridad o una vida mejor y, por tanto, la gran mayoría de "los oprimidos" renunció a su poder. Tal vez creyeron que si, en lugar de ceder, se quejaban y comenzaban a rebelarse, los asesinarían. Y como lo que ellos "querían" era vivir, entonces, sin importar las circunstancias, en verdad obtuvieron lo que deseaban.

Ése es el verdadero poder: el poder es obtener lo que deseas.

AH SÍ, CLARO. CUANDO LA ALTERNATIVA ES MORIR, ENTONCES, AL NO QUEJARTE, ESTÁS OBTENIENDO LO QUE "QUIERES". SÍ, POR SUPUESTO, ¡VAYA, DE VERDAD TIENES UNA FORMA MUY PECULIAR DE VER LAS COSAS!

¡Espera un minuto! Debes saber que sí existen personas que han optado por la alternativa. Ha habido gente valiente de todas las naciones y de todas las épocas que ha tomado esa decisión. Es por eso que los humanos siempre le han rendido honor a aquellos quienes lucharon y murieron por lograr que otros fueran libres.

La gente que en un principio trabajó con ahínco para crear Estados Unidos y para liberarse de lo que percibía como la tiranía de la Gran Bretaña, luchó bajo el riesgo de perderlo todo, ¿no es así?

Los firmantes de la Declaración de Independencia se comprometieron a "renunciar a sus vidas, sus fortunas y su sagrado honor" por la libertad. Y en verdad renunciaron a todo.

Los padres fundadores de Estados Unidos dijeron cosas como: "Dame libertad o dame la muerte". Y las dijeron muy en serio.

Los opresores no tienen ningún poder ante ese nivel de valentía. Cuando se hacen este tipo de declaraciones, es cuando se evidencia la verdad sobre donde yace el verdadero poder, y sobre donde ha estado siempre.

A lo largo de toda la historia de la raza humana ha habido demostraciones de lo que te acabo de explicar. Los oprimidos recobraron su poder y desmantelaron al gobierno en cuanto se dieron cuenta de que ya no estaban viviendo una vida mejor, sino una que no valía la pena vivir. Aquel mismo gobierno que se suponía tan poderoso se desmoronó de pronto, enmudeció y se debilitó, incapaz de actuar ante su derrota.

Y esto fue exactamente lo que sucedió, no sólo en las antiguas colonias británicas que ahora se conocen como Estados Unidos, sino en todo el mundo. Algunos de los ejemplos más recientes incluyen a los países que antes conformaron la Unión Soviética, a lo que fue Yugoslavia, y a Sudáfrica.

Ahí, donde quiera que la gente ha dicho: "Hasta aquí y no más", la opresión llegó a su fin. Ahí en donde la gente aún no ha reunido la voluntad o la fuerza necesarias para hacerlo, la opresión continúa.

Sucede lo mismo en tu hogar, sucede lo mismo en tu vida.

Tan pronto como decides que preferirías prescindir de aquello a cambio de lo cual entregaste tu poder, puedes comenzar a reclamarlo, y luego, a conseguir lo que tú elijas.

Lo que en verdad estás reclamando es el poder inherente con el que naciste. Se llama "poder original" y es la esencia de "quien en realidad eres".

Es a eso a lo que he llamado "el regalo".

CONQUE, "PODER ORIGINAL", ¿EH?

Sí.

¿Y TODOS LO TENEMOS?

Sí.

¿INCLUSO LOS BEBÉS?

Sí, sólo que ellos no lo saben, no lo recuerdan. La mayor parte de la gente no lo recuerda, ni siquiera cuando llega a la edad madura. La mayoría de los adultos no lo recuerda. Sólo viven en lo que se podría describir como un estado de amnesia, un estado en el que han olvidado que también poseen el "poder original".

¿QUÉ ES ESE PODER Y QUÉ PODEMOS LOGRAR CON ÉL?

Es el poder de Dios: es mi poder, es quien soy y lo que soy. ¿No recuerdas que te dije que habías sido hecho a "imagen y semejanza de Dios"?

SÍ, SÍ LEÍ ESO.

Sin embargo, la mayoría no sabe lo que en realidad significa; todos ustedes creen profundamente que nacieron con el pecado original. Lo que ahora te estoy diciendo es que naciste con el poder original.

¿QUÉ PODEMOS HACER CON ÉL? NO CONTESTASTE MI PREGUNTA ANTERIOR: ¿QUÉ PODEMOS HACER CON EL PODER ORIGINAL?

Crear.

¿CREAR?

Sí, crear. El poder original es el poder de crear.

¿CREAR QUÉ?

Cualquier cosa que desees, cualquier cosa que elijas.

AJÁ, SÍ, CÓMO NO.

Es verdad. Este poder no radica solamente en lo que tienes, sino en lo que eres. Tú tienes y eres el poder de crear y, si estuvieras consciente de eso, tu vida entera cambiaría.

5

Acerca de cómo es el mundo

SI SE SUPONE QUE TODOS TENEMOS ESE PODER ORIGINAL, ¿CÓMO FUNCIONA Y POR QUÉ NO LO USA UNA CANTIDAD MAYOR DE GENTE?

Primero abordaremos la segunda pregunta. La mayoría de la gente no usa este poder porque no sabe que lo tiene. Es gente que cree que no puede hacer nada ante la vida ni ante lo que cree y experimenta.

La segunda mitad de la respuesta es, en realidad, la respuesta a la primera mitad de tu pregunta.

Lo que crean será lo que experimenten, así es como funciona el poder.

¿OSEA QUE EXPERIMENTAMOS CUALQUIER COSA QUE CREAMOS QUE VAMOS A EXPERIMENTAR?

Así es.

NO TE CREO ESO.

Y por tanto, no lo experimentarás. Sucede lo mismo con la mayoría de las personas. Casi todas niegan su propio poder, no pueden creer que en verdad les pertenezca. Es por ello que el mundo es como es.

AHORA QUE LO MENCIONAS, HAY MUCHAS PREGUNTAS QUE NOS GUSTARÍA HACER SOBRE CÓMO ES EL MUNDO. ¿PODEMOS COMENZAR CON ELLAS?

Por supuesto.

OKEY, AQUÍ VA. ¿TENEMOS QUE HACER LAS PREGUNTAS EN ALGÚN ORDEN EN ESPECIAL?

No.

¿POR QUÉ NO TODO MUNDO NACE SIENDO INTELIGENTE? (DANNY, 19 AÑOS, MIAMI, FLORIDA)

Danny, quiero compartirte un gran secreto. Al nacer, todo mundo es inteligente. Al inicio de su vida física, todos saben lo necesario para lograr lo que vinieron a hacer a este mundo. Sin embargo, no todos vienen a cumplir el mismo objetivo.

Algunas almas entraron a su cuerpo para llevar a cabo ciertas misiones, y otras vinieron con un propósito diferente. Es por ello que parece que algunas personas son más "lúcidas" o "inteligentes" en su desempeño en ciertas materias académicas escolares, y a otras parece irles mejor en otro tipo de actividades o, simplemente, parecen tener otros dones.

Todas las personas vienen con un perfecto y adecuado don que se pueden obsequiar a sí mismas. Es por eso que no es necesario que aprendas nada, sólo tienes que recordar aquello que siempre has sabido.

A un bebé no se le tiene que enseñar a confiar, a un niño no se le tiene que enseñar a amar. Todas estas habilidades se dan de forma natural en los recién nacidos de tu especie. Es porque, al nacer, traen consigo ese tipo de entendimiento.

La vida no es un proceso de descubrimiento sino de creación. En realidad no estás aprendiendo quién eres, estás recreando a quien eres. Y eso lo llevas a cabo al recordar todo lo que siempre has sabido, y eligiendo aquello que deseas experimentar ahora.

¿POR QUÉ EL MUNDO ESTÁ REPLETO DE ODIO?

Las personas se odian porque tienen ideas equivocadas las unas sobre las otras. También tienen una concepción errónea acerca de la vida y de la forma en que ésta se desarrolla.

Dichas ideas se han convertido en "creencias" y, de esa forma, han adquirido un gran poder. Verás, Danny, tú experimentas aquello en lo que crees.

¿POR QUÉ?

Porque ésa es la forma en que funciona el poder que te he brindado. Es el poder de crear, es el poder original, el poder con el que naciste, el poder que hay en ti.

El poder de crear funciona en ti de tres formas:

En tus pensamientos.

En tus palabras.

En tus acciones.

Y ¿LAS "CREENCIAS" SON PENSAMIENTOS?

Correcto, y, por tanto, tienen en sí mismas el poder de la creación. Tú te conviertes en lo que piensas, en lo que dices y en lo que haces. Por eso el mundo es como es.

¿ACASO PIENSAS QUE NOSOTROS CREEMOS QUE EL MUNDO DEBERÍA SER ASÍ COMO ES? PARA NADA. YO NO CONOZCO A NADIE QUE CREA QUE EL MUNDO DEBA SER ASÍ.

El problema procede de un sistema más complejo de creencias que tienen los humanos que están a cargo de tu planeta, no de tus creencias individuales o las de tus amigos.

¿A QUÉ TE REFIERES?

Como ya lo mencioné, la gente de la Tierra experimenta una vida que está basada en lo que la mayoría de las personas creen que debe ser. La vida no tiene que ser así, pero la gente cree que sí. El sistema de creencias de la raza humana se ha construido sobre una serie de entendimientos que, de hecho, sólo son malentendidos.

Cuando estas creencias se modifiquen, entonces cambiará el mundo.

¿POR QUÉ HAY TANTA GENTE QUE NO TIENE NADA, QUE CARECE DE COMIDA, ROPA O CASA? ¿POR QUÉ PONES A LA GENTE EN ESA SITUACIÓN? (ZOAR)

Éste es un excelente ejemplo de lo que acabo de explicar. Yo no soy quien pone a la gente en esa posición, Zoar, son los seres humanos quienes lo hacen. Y lo hacen porque creen que no hay suficiente.

La gente cree que no hay suficiente dinero, no hay suficiente alimento, que no hay suficiente ropa o lugar en dónde refugiarse. De hecho, la gente cree que no hay suficiente de nada, de ninguno de los "artículos indispensables para la vida", para que todos sobrevivan y sean felices.

Como las personas creen eso, entonces piensan que deben competir unas contra otras para obtener esos "artículos indispensables para la vida que tanto escasean".

La noción de escasez es uno de los mayores engaños de los humanos y, por desgracia, muchas de las decisiones y acciones de tu especie están basadas en él.

Si tú crees que "no hay suficiente" de algo que en verdad necesitas para sobrevivir (o sólo para ser feliz), entonces combatirás con garras y colmillos para obtener la mayor cantidad posible. Los seres humanos han actuado de este modo durante miles de años.

Todo lo vas a convertir en una cuestión de competencia. Tu economía será una competencia y los ganadores serán quienes obtengan más dinero. Tu política será una competencia y los ganadores serán quienes obtengan más poder. Tu religión será una competencia y los ganadores serán quienes obtengan las recompensas divinas más grandiosas.

Algunos miembros de la especie humana han llegado a pensar que tampoco "hay suficiente" Cielo y, por tanto, ¡sienten que tienen que rivalizar para lograr ser admitidos!

Todo lo anterior es una locura porque en realidad hay suficiente de todo y para todos. El problema es que la gran mayoría de la raza humana no lo sabe y, por eso, contiende sin piedad. Incluso hay personas que se están asesinando unas a otras para obtener esos artículos "tan escasos".

Para que toda la gente pueda tener suficiente comida, ropa y refugio, Zoar, lo único que se requiere es que la gente de la Tierra comparta lo que tiene. Si así lo hicieran, descubrirían que hay más que suficiente para que todos vivan felices.

Tú puedes ayudarle al mundo a entender esto. Puedes dar un paso hacia afuera y escapar del engaño, puedes comenzar a rechazar la idea de la insuficiencia. Tú puedes mostrarle la verdad a quienes te rodean.

Sólo comienza a compartir, a compartir en grande. Brinda más de lo que crees que puedes dar y descubrirás que, "de ahí de donde lo obtuviste, saldrá mucho más".

¿QUÉ SIENTES AL VER QUE TUS HIJOS ANDAN POR AHÍ DESTRUYENDO TODO LO QUE NOS HAS BRINDADO O QUE DAN POR HECHO QUE DURARÁ PARA SIEMPRE? (ARIEL)

Si yo hubiera invertido con el propósito de obtener ganancias, tal vez te deprimiría mi situación. Sin embargo, en esta aventura que vivimos juntos, no invertí para obtener una ganancia. No existe una manera específica en que yo necesite que sucedan las cosas.

Si yo quisiera que las cosas fueran de una forma específica, ¿no crees que habría podido conseguirlas? Si no pudiera hacerlo, ¿qué tipo de Dios crees que sería?

Yo no creé la vida para "hacerla a mi manera". La creé para "hacerla a la tuya". Sin embargo, con eso, en realidad sí estoy cumpliendo mi cometido, ya que, lo que elegí fue que tú decidieras quién y qué eres, y en quién y qué deseas convertirte, tanto de forma individual como colectiva, como sociedad.

Claro que he visto que muchos humanos andan por ahí y destruyen (o dan por hecho) gran parte de lo que tienen, pero la verdad es que, con estas acciones, no ganan nada. Nada de esto les permitirá vivir lo que ellos dicen que desean experimentar.

Los humanos dicen que quieren ir a Seattle pero se dirigen a San José. Dicen que quieren un mundo de paz, armonía y amor y que sus vidas estén llenas de gozo, felicidad y abundancia, pero hacen todo lo contrario a la paz, la armonía y el amor; hacen que sea virtualmente imposible experimentar el gozo, la felicidad y la abundancia.

Lo más interesante es que no sucede así porque no sepan cómo hacer las cosas. Los humanos cuentan con todas las herramientas necesarias para crear la vida que ven en sus sueños más anhelados. Es sólo que eligen no usar estas herramientas.

¿POR QUÉ?

Porque creen que las herramientas no funcionan, porque quizá ni siquiera recuerdan que las tienen, o porque, como ya lo mencionamos, se han empeñado en mantener las cosas más o menos de la misma manera en que están.

TODAVÍA NO ENTIENDO ESO. ¿A QUIÉN PODRÍA GUSTARLE MANTENER LAS COSAS ASÍ DE MAL?

A cualquiera que esté convencido de que la vida que ahora se vive en el mundo es la correcta para sobrevivir. A cualquiera cuyas creencias básicas sobre la vida estén respaldadas por los malos entendidos que mencioné con anterioridad.

¿ME PUEDES DAR OTRO EJEMPLO?

Bien, además del engaño de la insuficiencia del que te acabo de hablar, también existe el engaño de la falta de unidad o de separación.

La mayoría de la gente cree que está separada de los otros, que no todos pertenecen a un solo cuerpo. La gente cree que está aislada de su medio ambiente, que no pertenece a un sistema. La gente cree que está apartada de Dios, que no es parte de un solo ser.

Este engaño de la falta de unidad es lo que está matando a todos, incluyéndote a ti.

A PROPÓSITO, ¿CUÁNDO SERÁ EL FIN DEL MUNDO? (LEONTE, MIAMI, FLORIDA)

El problema no es cuándo será el fin del mundo, el problema es que el mundo se va a convertir en un sitio inhabitable para la especie humana. Y eso, Leonte, es un asunto completamente distinto.

Si las cosas continúan de la forma en que han sido hasta ahora, el mundo "tal como lo conocemos" perecerá en algún momento durante tu vida. Pero la Tierra, por sí sola, sí continuará existiendo.

No existe razón alguna para que la Tierra no exista durante millones de años. De hecho, ha estado aquí por una cantidad de tiempo similar y tiene la capacidad de doblar su edad sin problema.

Entonces, la pregunta no es cuánto tiempo perdurará la Tierra, la pregunta es durante cuánto tiempo será habitable para una especie como la tuya. Ésa es la pregunta y la respuesta sólo la tienes tú.

Debes decidir ahora. Y claro, todos los días tomas decisiones a través de tus acciones.

Muchos de ustedes fingen que no saben de qué hablo o creen que, en algún momento, lograrán darle la vuelta a los procesos de degradación y de retroceso que sus acciones propiciaron.

Pero eso es un engaño y creo que les convendría explorar la opción de salirse de esa corriente y de promover una nueva historia cultural.

● ¿POR QUÉ LA GENTE ESTÁ TAN CONFUNDIDA RESPECTO A SUS PRIORIDADES? ¿SON LOS ADOLESCENTES LOS ÚNICOS QUE SABEN LO QUE EN VERDAD IMPORTA? ¿LOS ÚNICOS QUE SABEN QUE NO SE TRATA DE "HACER DINERO", DE "LLEGAR A LA CIMA", "DE HACERSE FAMOSO" O CUALQUIERA DE ESOS OBJETIVOS? (NEIL, 16 AÑOS, WEST ALLIS, WISCONSIN)

De acuerdo con los parámetros de lo que la raza humana ha expresado que desea experimentar en la vida, a veces parecería que los jóvenes son quienes están más en contacto con lo que en verdad importa.

Es muy frecuente que los adultos digan una cosa y hagan otra. Por ejemplo, dicen que quieren tener vidas largas y saludables, pero, al mismo tiempo, fuman, beben y, en un afán por adquirir y acumular bienes, se ponen en situaciones de gran estrés. Todo esto carece de sentido para los jóvenes.

Este esfuerzo y apremio para "estar un paso adelante", o tan sólo para mantenerse a flote, es parte de un comportamiento que se origina en el miedo, y el miedo es un sentimiento que los jóvenes no tienen en demasía. Por supuesto, como lo mencioné anteriormente, se trata del miedo a "que no haya suficiente" de algo.

Este tipo de miedo se vive de una forma tan profunda que se torna parte de la experiencia humana en muchas ocasiones y lugares. En otras palabras, no se trata sólo de un "pensamiento" de la gente, sino de una realidad bien arraigada.

Luego, esta "realidad" confirma el pensamiento original y, de esta manera, se produce el círculo vicioso. El pensamiento antecede a la realidad y luego la crea. La realidad confirma el pensamiento y lo refuerza. El pensamiento produce una realidad más extensa y, en poco tiempo, todo gira en torno a los engaños, y ustedes comienzan a vivir en un mundo como el de *Alicia en el país de las maravillas*, en donde todos jurarán que, lo que es real, NO lo es, y que lo que NO es real, sí lo es.

La noción de que "la fama y la fortuna" son la fuente de toda la felicidad en la vida no es real. Los adultos dicen que lo saben bien pero, luego, actúan como si creyeran lo contrario.

Pero ustedes, los jóvenes, no aceptan estas tonterías. Ustedes saben la verdad: que no necesitan dinero y éxito material, que no tienen por qué anhelar "escalar a la cima del éxito".

MI PADRE DIRÍA: "BIEN, PUES, SÓLO ESPERA ALGUNOS AÑOS. ES MUY FÁCIL HABLAR A TU EDAD PERO, ESPERA HASTA QUE TENGAS QUE MANTENERTE O MANTENER A UNA FAMILIA. ¿CÓMO CREES QUE YO LOGRÉ CONSEGUIR UN TECHO Y ROPA PARA TI? ES HORA DE QUE DESPIERTES, HIJO".

Claro que existe el concepto de responsabilizarse de sí mismo, y a eso es a lo que se refiere tu papá. Él sólo quiere que seas feliz en la vida, sólo quiere que seas capaz de cuidarte a ti mismo y a tus seres amados. Sus motivos son reales, genuinos y tienen su fundamento en el amor.

Pero sí: existe más de una manera de alcanzar la felicidad, más de una manera de hacerte cargo de ti mismo y más de una manera de cubrir las necesidades de la gente que amas.

En la actualidad, la gente enfrenta estos desafíos de la misma forma en que lo ha hecho durante miles de años. El enfoque se basa en la información que se tiene a mano sobre la vida y sobre su desarrollo. Es por eso que la nueva información podría resultar muy benéfica para ustedes.

Con lo anterior me refiero a nueva información sobre el contexto y sobre lo que es "real" de verdad. Nueva información sobre la vida y sobre la forma en que se crea tu realidad. Nueva información sobre ti y sobre quién eres en realidad.

Esta conversación es sobre ese tema. Los jóvenes están bajo más presión que nunca antes, una presión que los obliga a "desempeñarse" de una forma particular en el mundo. Pero en ese esfuerzo por lograrlo, los jóvenes están trabajando con dos tipos de información: la información que los mayores les han dado sobre el mundo y la información que se encuentra en sus corazones.

¡ESO ES! ¡ESO JUSTAMENTE! ACABAS DE DARLE AL CLAVO.

6

La presión de ser adolescente

💬 **¿POR QUÉ HAY TANTA PRESIÓN, DE LOS PADRES, DE LA ESCUELA, DE TODO MUNDO?** (UN CHICO DE 15 AÑOS DE OREGÓN)

La presión es una de las condiciones de la vida, sin embargo, es tal vez en la adolescencia cuando se experimenta en mayor cantidad.

Siempre habrá alguien que quiera algo de ti. Si su deseo de obtenerlo es mayor a tu deseo de cederlo, o si te exigen que lo hagas más rápido de lo que puedes, entonces comenzarás a sentir presión.

Incluso cuando ese alguien desee algo que tú también quieres, puedes sentirte presionado porque debes cumplir tu palabra y hacer lo que prometiste.

Así que, por supuesto, la presión es parte de la vida del adolescente. Sin embargo, puede resultar un elemento ventajoso; no tiene por qué ser un fastidio. La presión puede estar ahí pero no tiene que ser negativa, también puede ser positiva.

Lo que mantiene funcionando a las llantas es la presión, lo mismo sucede con una olla a presión: la presión es lo que le permite cocinar. Así pues, la presión puede ser buena. Si te mantienes bajo presión puedes lograr objetivos y, en ocasiones, puedes lograr grandes cosas. A esto se le llama "estrés creativo".

De hecho, el universo entero es un sistema de estrés. Se trata de un elemento que ejerce presión sobre otro todo el tiempo. Eso es precisamente lo que produce el balance y, de hecho, es lo que permite que todo se mantenga en su lugar.

YO NO SIENTO QUE TODO ESTÉ EN SU LUGAR. SIENTO QUE ESTOY BAJO MUCHA PRESIÓN.

La presión es un asunto delicado porque en grandes cantidades puede desquiciarlo todo, romper el balance.

Ése es el tipo de presión del que estás hablando. Puede provenir de tus padres y también es común que surja en la escuela.

Mucha de esta presión procede del conflicto que se produce por los dos grupos de información con los que los jóvenes tienen que lidiar. Su corazón les dice algo sobre la vida, pero el mundo exterior les dice otra cosa.

YA LO DIJE: ESTÁS EN LO CORRECTO. ENTONCES, ¿CÓMO PUEDO AFRONTARLO? ¿CÓMO PUEDO HACER QUE MIS PADRES Y MIS MAESTROS EN LA ESCUELA LO ENTIENDAN?

Sería impreciso asumir que tu punto de vista sobre cómo deben ser las cosas es el "correcto", y que el punto de vista de tus padres y de la escuela es el "incorrecto".

Más adelante hablaremos sobre "lo correcto" y "lo incorrecto", y sobre cómo esos dos polos en realidad no existen. Por el momento sería útil considerar la posibilidad de que lo que funciona en la vida que ustedes están creando de forma colectiva es una noción que yace más o menos en medio. Es decir, ni tú ni los adultos están completamente en "lo correcto".

Explícale a tus padres cuáles son tus prioridades y los elementos de la vida que has identificado como importantes, aquellos en los que basas tus prioridades. Luego pídeles que te expliquen las suyas (sí, aunque ya las hayas escuchado un millón de veces). Trata de detectar si existe algún punto en que las prioridades de todos pudieran coincidir.

¿Y SI NO EXISTE ESE PUNTO?

Entonces podrías comenzar a creer que estás siendo "presionado" por tus padres, a pesar de que no sea exactamente eso lo que sucede. Puede parecer que tú y tus padres tienen objetivos distintos por completo. Eso no es lo que yo he podido ver, sin embargo, desde tu perspectiva puede parecer que es verdad. Es por ello que parecerá que tienes mucha presión de su parte y de la escuela.

OH, SÍ, PUEDES CREERME, TODO MUNDO EJERCE MUCHA PRESIÓN. MUY BUENA PARTE PROVIENE DE MIS AMIGOS TAMBIÉN. A VECES QUIEREN QUE HAGA ALGO ESPECÍFICO O QUE ACTÚE DE CIERTA FORMA QUE ME HACE SENTIR FALSO. NUNCA SÉ BIEN QUÉ HACER: SI ME MANTENGO FIEL A MÍ MISMO, TENGO FRICCIONES CON EL GRUPO, SI ME MANTENGO FIEL AL GRUPO, NO ESTOY SIENDO YO MISMO.

Lo que te voy a decir deberás recordarlo el resto de tu vida, porque tal vez sea una de las cosas más importantes que escucharás.

Traicionarte a ti para no traicionar a alguien más, de cualquier forma es una traición. Es la mayor traición.

Si estás tratando de evitar traicionar a alguien pero para lograrlo te traicionas a ti mismo, de todas formas estás traicionando a alguien y, en este sentido, sólo restaría preguntar a quién.

Sin embargo, cuando te traicionas también traicionas a otros, porque el "tú" que creen que eres, es un engaño. No es el verdadero tú: te has traicionado a ti y a alguien más.

Por tanto, trata de no traicionarte jamás. Recuerda las palabras escritas por William Shakespeare, las que le dijo Apolonio a Hamlet:

"Y, sobre todo, sé fiel a ti mismo, pues de ello se sigue, como el día a la noche, que no podrás ser falso con nadie".

No te preocupes por "el grupo". El grupo se terminará yendo, algún día ya no estará ahí. En cambio tú, tú siempre estarás ahí. Tú estarás contigo mismo hasta el fin de los días.

¿ESO SIGNIFICA QUE SÓLO DEBO HACER LO QUE YO QUIERA?

Significa que debes decidir con más honestidad por qué quieres hacer algo. Si quieres hacerlo para complacer a otra persona o a un grupo, y si el hacerlo te desagrada pero de todas formas estás dispuesto, entonces no lo hagas.

Cuando a cambio de complacer a alguien más tienes que renunciar a tu propia integridad, no estarás complaciendo a nadie. Porque si esa "otra" persona en verdad te ama, ni siquiera querría que hicieras algo que te hiciera ir en contra de ti mismo sólo para complacerla.

Si los demás supieran que estás yendo en contra de ti mismo sólo para satisfacerlos, cualquier acción tuya tendría exactamente el efecto contrario. No complacería a los demás, los haría sentir incómodos.

¿ENTONCES CUÁL ES LA MEJOR MANERA DE LIDIAR CON LAS PRESIONES QUE ENFRENTO?

Aprende a "sentir" la diferencia entre la presión "positiva" y la presión "negativa", entre esa presión que es útil y la que no te sirve.

La presión útil intensifica tu deseo de ser, hacer o tener algo que tú mismo has elegido.

La presión inútil es sólo la ansiedad que resulta de la necesidad que sientes de ser aceptado por alguien más. Nunca hagas algo para complacer a otros.

¡ÉSA ES UNA SUGERENCIA MUY RADICAL!

Suena más radical de lo que en realidad es. En la vida habrá muchas ocasiones en que complacer a otros te hará muy feliz. En ese caso, debes hacerlo. Sólo cuando complacer no te haga feliz, evítalo.

Cuando tú y otra persona comparten el mismo tipo de interés, entonces complacer a esa persona te hará feliz. Es decir, cuando ambos desean lo mismo.

El truco radica en ver lo que la otra persona y tú quieren, y examinar todo con cuidado. Si eres meticuloso, te sorprenderá la frecuencia con la que encontrarás que tú y la otra persona quieren lo mismo.

La presión "inútil" se anula cuando encuentras aquellas áreas en las que existe un interés mutuo. Cuando encuentras una zona en común, entonces ya no hay lugar para el enojo.

Siempre recuerda que: "Cuando encuentras una zona en común, entonces ya no hay lugar para el enojo".

De repente será muy claro que estás haciendo algo porque así lo deseas tú, no porque alguien más quiere. Que lo haces por razones que te benefician a ti.

DAME UN EJEMPLO.

Muy fácil. Imagina que tu madre te pide que cuides una tarde a tu hermanito.

UHG.

Sí, te sientes así porque es algo que no deseas hacer.

CLARO...

Pero, ¿qué tal si encontraras una razón por la que te gustaría hacerlo?

¿ALGO ASÍ COMO QUE ME PAGARAN POR HACERLO?

Ésa es una razón, pero podría haber otras. La remuneración se puede manifestar de distintas formas. Lo mismo sucede con las recompensas. Siempre recuerda que una recompensa puede tener varias formas.

Tal vez querrás citar lo que acabo de decir más adelante, cuando estés conversando con tus padres u otras personas, y comiencen a discutir contigo sobre "el éxito".

Pero, volviendo al tema, imagina que has intentado demostrar a tu madre que ya eres suficientemente responsable para estar fuera de casa hasta cierta hora o para solicitar un empleo el próximo verano, o lo que sea.

Ahora ya tienes planes distintos. Le dices a tu madre: "Te voy a demostrar lo bueno que puedo ser como niñero porque quiero que 'entiendas' que también puedo desempeñarme bien en otras actividades. Quiero que sepas que puedes confiar en mí para cuidar a mi hermano y que también puedo cuidar de mí".

¡GUAU, NUNCA SE ME HABÍA OCURRIDO DECIR NADA ASÍ! ¿PODRÍAS VENIR A CASA Y DEJARLE POR AHÍ ALGUNOS MENSAJITOS A MI MAMÁ?

Qué gracioso, pero, ¿sabes? Más adelante vamos a hablar sobre algunas estrategias muy efectivas para comunicarse con los padres. Y precisamente, dejar mensajitos es una de ellas.

Pero regresando al tema, ¿entendiste el ejemplo? Podría darte otros.

CREO QUE YA ENTENDÍ LO QUE QUIERES DECIR.

Casi todo lo que haces, lo haces porque, a cierto nivel, puedes percatarte de que así podrás obtener un beneficio personal. No se trata solamente de la persona que te está "obligando a llevar a cabo una acción".

Ahora, el poder encontrar que algo que beneficia a otros también te beneficia a ti, es un milagro que lo cambia todo. Esta posibilidad elimina toda la presión y el resentimiento, y los reemplaza con una sensación de gozo al hacer lo que te corresponde.

Otra palabra que describe esta sensación es amor.

7

Elige lo que quieres ser

💬 ¿ EL DESTINO CONTROLA MI VIDA? (PATRICK, 18 AÑOS)

💬 ¿NUESTRO DESTINO YA FUE PLANEADO DE ANTEMANO? (MARIA-
NA, 17 AÑOS, FLORIDA)

Nunca, para nada, Patrick, tu vida la controlas tú. A eso me refería cuando respondí la pregunta, al inicio del libro, de a quién le toca ser qué. ¿La recuerdas? Aquí
la presento de nuevo:

"¿CÓMO DECIDES A QUIÉN LE TOCA SER ALANIS MORISSETTE O
MICHAEL JORDAN, Y A QUIÉN LE TOCA VIVIR UNA VIDA NOR-
MAL?"

Y aquí está la respuesta que di:

"Yo no decido a quién le toca ser Alanis Morissette o a quién le toca vivir una vida normal. Eres tú quien lo hace. En este preciso momento tú estás tomando esas decisiones. El problema es que no sabes que las estás tomando y tampoco sabes la forma en que eso sucede."

En realidad, muchos de ustedes hicieron la misma pregunta. Alguien más la formuló así:

CUANDO CREAS A LA GENTE, ¿CÓMO DECIDES QUÉ TALENTOS LE DARÁS A CADA PERSONA? ¿QUÉ FUE LO QUE TE HIZO DARLE A CELINE DION SU GRAN VOZ EN LUGAR DE DARLE CUALIDADES PARA SER UNA MEDALLISTA DE ORO DEL PATINAJE ARTÍSTICO O UNA DOCTORA? (PAUL)

Quizá ésta es una de las cosas más importantes que he venido a decirles, así que permítanme reiterar lo que acabo de señalar.

Yo no tomo esas decisiones, Paul, lo haces tú.

Piénsalo de esta forma: en cada momento del ahora, tú te estás recreando. Estás haciendo un retrato de ti mismo y el lienzo en el que pintas, es la vida misma. Las habilidades, los talentos, las capacidades, las características, cualidades físicas y las circunstancias externas, son los colores que vas a emplear. Yo pongo el lienzo y tú eliges los colores.

ESO NO PUEDE SER CIERTO PORQUE YO HABRÍA ELEGIDO TENER UNA VOZ COMO LA DE CELINE DION. ¡TODOS HABRÍAMOS ELEGIDO ESO!, O TENER LA HABILIDAD DE CONECTAR *HOME RUNS* COMO MARK MCGUIRE, O TENER TALENTO PARA ACTUAR, HABILIDADES DE LÍDER O DE ESCRITOR, O CUALQUIER OTRA COSA QUE NO FUERA LA INSÍPIDA NORMALIDAD.

La "insípida normalidad" no existe. Sólo hay gente que se conforma con creer que sí.

Todos son especiales, todos son extraordinarios, todos tienen talento, cualidades y habilidades que les ayudarán a cumplir el propósito que tienen al venir aquí.

¿Y EL PROPÓSITO ES...?

Tú vienes a la vida con el propósito de experimentar tu propio "ser tú mismo" de una forma específica, y por razones particulares. Antes de venir a esta vida, eres conciencia y percepción. Es decir, antes de tu nacimiento ya existes como una entidad, como un ser.

Después de que decides cómo quieres usar tu vida y lo que te gustaría entender y experimentar, entonces escoges a la gente, los lugares y las cosas perfectas y precisas con las que lograrás tu objetivo.

¿QUIERES DECIR QUE NOSOTROS ELEGIMOS A NUESTROS PADRES?

Sí, y tus padres te eligen a ti. A un nivel muy profundo, es una decisión conjunta. De hecho, toda la gente se conoce de esta misma forma.

Nadie conoce a nadie sólo por casualidad.

¿POR QUÉ HABRÍA DE ESCOGER A UNOS PADRES QUE ME MALTRATAN?

Cada alma elige la gente, los lugares y los sucesos perfectos y correctos con los que forjará la oportunidad de llevar a cabo sus planes, y dichos planes son diferentes en todos los casos. Por tanto, no se puede generalizar.

Es posible que un alma esté buscando experimentarse como la cualidad divina conocida como perdón. O tal vez busca adquirir la compasión necesaria para, más adelante en la vida, ayudar a otros que también han sido maltratados.

Hay un sinfín de razones por las que un alma podría invocar a una circunstancia o persona en particular.

¿ENTONCES NO EXISTE LO QUE CONOCEMOS COMO "ENCUENTRO FORTUITO"?

No, no existe. ¿Tú crees que un universo que diseña algo tan intricado y especial como un copo de nieve, produciría algo tan aleatorio como un "encuentro fortuito"?

EFECTIVAMENTE, HABÍA PENSADO QUE EN EL UNIVERSO SÍ HABÍA LUGAR PARA EL "AZAR".

Pues no es así. Todo ocurre en un orden perfecto; si existiera el "azar", entonces el mundo estaría fuera de control. ¿Y qué tipo de Dios sería si permitiera que las cosas estuvieran fuera de control?

¿ASÍ QUE TÚ CONTROLAS Y CREAS TODO LO QUE SUCEDE?

Yo no dije eso. Dije que no permitiría que las cosas se salieran de control, sin embargo, no soy yo quien crea, eres tú.

¿ENTONCES YO NO PODRÍA CREAR COSAS QUE SE SALIERAN DE CONTROL?

Si creas de esa manera, las cosas no se están saliendo de control. No se puede decir que algo que hayas hecho a propósito (y conste que, a cierto nivel consciente, toda la creación es una acción deliberada), haya provocado que las cosas se salieran de control.

OKEY, ¿ENTONCES ME PUEDES REPETIR CÓMO ES QUE ESTOY CREANDO TODO ESTO?

El poder de crear funciona en ti de tres formas:

> En tus pensamientos.
> En tus palabras.
> En tus acciones.

Cada uno de tus pensamientos es creativo, cada palabra que dices es creativa, cada acción que ejecutas es creativa. Éstas son las herramientas de la creación; yo te las he dado y son muy poderosas.

Es lo que con anterioridad llamé poder original. No naciste con un "pecado original" sino con un "poder original".

ENTONCES, ¿YO PUEDO SER COMO ALANIS SI PIENSO QUE VOY A SER COMO ELLA?, ¿SI ACTÚO COMO ALANIS?

No, si haces eso sólo terminarás siendo una copia de ella y, como sólo existe una Alanis (y sólo existe un tú), terminarás siendo una copia muy mala, por cierto. No obstante, puedes tratar de ser lo que has observado que Alanis es: eso es lo que necesitas imitar.

Fíjate bien lo que ves que hace esta joven mujer. ¿La ves siendo talentosa?, ¿fuerte?, ¿con confianza en sí misma?, ¿honesta?, ¿auténtica?, ¿valiente?, ¿impactante?, ¿feliz y exitosa? ¿Cuáles son los estados del ser que detectas en ella y en su vida?

No te fijes en lo que hace, fíjate en lo que es. Porque "ser" conduce a "actuar", y no al revés. Hay algo que ella es, y que le ha permitido hacer todo lo demás. Y, de hecho, ella fue todo esto, mucho antes de hacer lo que ahora conocemos.

El "ser" siempre antecede al "hacer", y además, lo respalda.

¿Y CÓMO PUEDO "SER" ASÍ?

Con cada pensamiento, palabra y acción. Éstas son las herramientas con las que puedes crear los estados del ser.

Si las usas con constancia, tú también puedes "ser" talentoso y fuerte, tener confianza en ti mismo, ser honesto, auténtico, valiente, impactante, exitoso y feliz.

Si "haces" conciertos de rock o "haces" reuniones con tu junta corporativa o "haces" lo necesario por educar a tus hijos, entonces podrás ser exitoso y feliz porque habrás elegido éstos y todos los demás estados del ser que conducen a la posición en donde deseas estar. Además, los habrás expresado conscientemente a través de cada uno de tus pensamientos, palabras y acciones.

¿PERO CÓMO PUEDO "SER" FELIZ ANTES DE SERLO? ¿CÓMO PUEDO "SER" EXITOSO ANTES DE LOGRAR EL ÉXITO? NO LO ENTIENDO. ¿CÓMO PUEDO "SER" TALENTOSO, FUERTE, TENER CONFIANZA O CUALQUIERA DE LAS OTRAS COSAS, SI NO LAS SOY?

Comienza a pensar que lo eres. Comienza a hablar y a actuar como si lo fueras. No tienes que "ser" algo antes de pensar, hablar y actuar como si lo fueras.

ENTONCES, EN REALIDAD NO LO SOY, SÓLO ME LO ESTOY CREYENDO.

Así es. ¿Escuchaste lo que acabas de decir? Te lo "estás creyendo" y cuando te lo logres hacer creer, ¡entonces comenzarás a vivirlo!

Mucha gente dice que hay que "ver para creer". Lo que yo te digo ahora es que hay que "creer para ser".

En tu realidad comenzarás a ver aquello en lo que crees.

¿Y POR QUÉ? ¿POR QUÉ FUNCIONA ASÍ?

Porque los pensamientos, las palabras y las acciones son tipos de energía que se agitan y crean otras energías. Hacen que las cosas se sacudan.

Todo lo que alguna vez ha sucedido, todo lo que ha sido inventado, producido o logrado, comenzó siendo un pensamiento en la mente de alguien. Luego se convirtió en palabras habladas y, finalmente, se convirtió en acciones realizadas. Éstas son las tres "herramientas de la creación", son las únicas.

Y he aquí el gran secreto de la vida: Yo te brindé estas herramientas para que puedas crear la realidad de tus sueños. Yo no soy quien elige quién hace qué, quién consigue qué y quién llega a ser qué. Eso lo haces tú.

¿EN VERDAD ES TAN SENCILLO? O SEA, ¿EN SERIO?

No hay ningún misterio aquí, te acabo de explicar todo. Tienes que pensar en lo que vas a elegir para crear tu vida, y tienes que pensar de forma positiva. No pienses: "Ay, yo jamás podría hacer eso", porque, si lo haces, entonces ese pensamiento se convertirá en tu realidad.

Tienes que enunciar lo que quieres crear en tu vida, tienes que enunciarlo positivamente. Nunca digas: "No estoy seguro", o "Tal vez", o "¿No sería increíble si…?". Es mejor que digas: "Cuando logre tal cosa, ¡será increíble!"

Además también tienes que actuar todo lo que quieras crear en tu vida, y también tienes que hacerlo de manera positiva.

Y no sólo actúes, ¡sé!

8

Lo que más desean los adolescentes

En mis viajes por el mundo comprendí que hay muchas cosas que los jóvenes dicen que desean. También descubrí que es muy poca la gente mayor que los escucha. Cuando te escuché, esto fue lo que me dijiste que querías:

Tú quieres, en palabras de Robert Kennedy, buscar un mundo nuevo, crear un lugar en donde no haya nada irrelevante, innecesario o hipócrita; que ya no estemos divididos, es decir, que no haya más ira que nos separe, no más peleas y discusiones, no más guerras entre nosotros.

Quieres un lugar en donde compartamos lo que haya y todos posean lo mismo. Que no robemos unos a otros porque ya no habrá acumulación, que no arrebatemos porque ya no habrá nada que ocultar, que no lastimemos a otros porque sabremos que, al hacerlo, sólo nos lastimamos a nosotros mismos.

Quieres un lugar en donde no nos escondamos de los otros y en donde no les mintamos. Un lugar en donde corramos hacia los demás para abrazarlos y hacer el amor con ellos de la forma en que se supone que debemos hacerlo: todo el tiempo y en cualquier sitio. Porque la vida se trata de hacer el amor con todo.

Y ojo: aquí no estoy hablando del aspecto sexual. La gente que piensa que en el párrafo anterior hice una referencia al sexo, es gente que cree en estereotipos, que vive enterrada en ideas que tienen más de un siglo de antigüedad. Yo sé que los adolescentes comprenden a lo que me refiero aquí con la frase "hacer el amor".

Estoy hablando de tener una existencia amorosa con la vida, no una existencia de odio. Una existencia que celebre la vida, no que la aleje. Una existencia que, con cada acción, pensamiento y palabra, honre la vida, y no que la avergüence. Una existencia que apoye y sustente la vida, no que ABUSE de ella hasta destruirla.

Hablo de existir de tal forma que se dé vida a la vida, y no que se sustraiga su esencia.

Por supuesto que vivir de esa forma a veces implica el sexo. Sin embargo, el sexo no es el objetivo primordial, es tan sólo un elemento. El amor es el objetivo primordial. Necesariamente, después tendremos que hablar sobre el sexo porque hay una cantidad abrumadora de gente que se siente reprimida en este aspecto. Sólo recuerda que este libro ofrece una visión de la vida mucho más amplia.

El amor es el objetivo primordial.

Okey, entonces, ahí lo tienes. Ya ni siquiera tienes que terminar de leer el libro porque ya te lo dije todo en esa frase. El amor es el objetivo primordial.

Pero tú ya sabías eso, ¿verdad?

Sí, ya lo sabías.

No obstante, el objetivo del libro no es decirte algo que ya sepas, sino llevarte de vuelta a lo que ya sabes y brindarte el valor para permanecer ahí y vivir desde ese sitio. El valor para permanecer ahí incluso cuando crezcas y te conviertas en lo que otros llaman "adulto". Incluso cuando llegues a ser parte del mundo que ahora deseas cambiar. Y en particular, cuando te conviertas en parte de ese mundo.

Eso es lo que los jóvenes me dijeron que querían. Ah, y por cierto, siendo algo tan significativo para ustedes y para toda la demás gente, guardé lo más importante para el final, el concepto que encabeza tu lista: Libertad.

Quieres libertad.

¿POR QUÉ LOS PADRES NO NOS PERMITEN SER QUIENES SOMOS EN LUGAR DE REPETIRNOS QUIÉNES QUIEREN ELLOS QUE SEAMOS? (SANDRA, BLOOMINGTON, ILLINOIS)

Dejar de dirigir la vida de sus hijos, es el mayor desafío que enfrentan los padres de todo el mundo.

Los padres tienen enormes expectativas para sus hijos, tienen sueños y aspiraciones.

SÍ, PERO ÉSAS SON SUS ESPERANZAS Y SUEÑOS, ¡NO LOS NUESTROS!

Sí, pero les es muy difícil deshacerse de ellos porque sus sentimientos hacia ti son muy profundos, porque te aman mucho. Y en especial, porque ¡tus padres honestamente creen que saben lo que es mejor para ti!

Además, no es nada fácil hacerlo cuando esos padres que te quieren dirigir son los mismos con los que cuentas para todo, aquellos de quienes has dependido todos estos años, los que te han brindado guía y dirección.

Renunciar es una acción demasiado difícil, es una tarea muy difícil de llevar a cabo.

ENTONCES, ¿QUÉ ES LO QUE QUIERES DECIR? ¿QUE "ME TENGO QUE AGUANTAR"?

Tú puedes ayudar a tus padres. Primero entiende lo difícil que es para ellos "dejarte ir", y dales tiempo para ajustarse a su nuevo papel de consejeros o compañeros que están ahí para escucharte, y dejar de ser los guías.

Con suerte, jamás dejarás de acercarte a tus padres cuando necesites un consejo, porque ellos son muy buenos en ese campo.

En una etapa muy temprana de la vida de sus hijos, los padres pueden comenzar a hacer la transición entre: ofrecer su "guía" y ofrecer "consejos o señalarles el camino hacia su propia sabiduría interna". Por lo general, los padres pueden comenzar esta transición mucho antes de lo que creen. Este cambio se facilita, en particular, cuando los padres han criado a sus hijos con amor y no con temor.

Los niños que tienen temor a cometer errores necesitan un cuidado mayor y más prolongado. A los niños que les encanta cometer errores, se les puede "soltar la rienda" antes.

¿CÓMO TE PUEDE "ENCANTAR" COMETER ERRORES?

Muy sencillo, ¡cuando sabes que vas a recibir una recompensa por equivocarte!

Todos los niños, y de hecho, toda la gente, obtiene una recompensa por cada "error" que comete. Su recompensa es el aprendizaje que recibe por lo ocurrido.

GENIAL. VAYA "RECOMPENSA".

Espera un momento. En verdad es una gran recompensa. Todo lo que puedas aprender de tu vida te será increíblemente benéfico.

Los científicos ya lo entendieron, y es por esa razón que ellos y los investigadores celebran sus "errores". Un experimento que "sale mal", en realidad es un experimento que conduce a algo bueno.

Sucede lo mismo en todos los demás aspectos de la vida. Las recompensas que se reciben de cada acción y decisión son enormes. Pero sólo comenzarás a apreciarlas cuando las vas acumulando, cuando comienzas a verlas desde esta perspectiva.

No hay una sola persona sobre la Tierra que, en algún momento, no haya llegado a la conclusión de que, lo que alguna vez consideró un "error enorme", después se convirtió en una bendición.

Un día tú también verás que, al final, el concepto de error ni siquiera existe.

BIEN, PUES ÉSE ES UN PUNTO DE VISTA INTERESANTE.

Sí, es un "punto de vista" que puede cambiar tu vida.

Piénsalo así: "error" es otra palabra para "fracaso", y el fracaso tampoco existe. Es uno de esos malentendidos que mencioné antes; es un engaño.

En realidad es imposible fallar en algo. Además, decir que cometiste un "error" es sólo externar un punto de vista.

Si tú consideras que un "error" es un paso más en el sendero que te conducirá a donde deseas llegar, entonces nunca más lo volverás a ver como un "error", sino como progreso.

Por tanto, será perfecto y te sentirás agradecido por haberlo experimentado. ¡Tal vez incluso decidas celebrarlo!

En las corporaciones de mayor importancia, los propietarios y los gerentes celebran los "errores" de sus empleados; a veces, hasta ofrecen una fiesta o le proporcionan un bono al empleado. Su lógica es: "Ahora sabemos qué es lo que no queremos hacer, y también sabemos cómo es, que no queremos que suceda. ¡Es un gran paso hacia el éxito!"

Las compañías que tienen este tipo de políticas forman empleados que pueden innovar y ser flexibles, que no tienen miedo a tomar decisiones ni riesgos. Así es como se generan las mayores ganancias y, por supuesto, los gerentes ya entienden esto perfectamente.

Una buena administración también entiende que todos los errores representan un progreso. Los buenos padres también lo entienden así. Siempre recuerda: Todo error representa un progreso.

A los niños que se les recompensa con abrazos, besos, palmadas en el hombro y otro tipo de motivaciones cuando cometen "errores" infantiles, adorarán cometerlos en el futuro. También se convertirán en adultos a los que les encantará vivir la vida.

Esos niños no le tendrán miedo a su sombra (ni a la de nadie más). Crecerán con confianza y tendrán la habilidad de llegar al límite y afrontar los desafíos de la vida, de convertirlos en oportunidades para experimentar su propia magnificencia.

💬 ¡VAYA, NECESITO QUE PLATIQUES CON MIS PADRES!

¿Estás bromeando? Yo ya hablo con ellos.

¿POR QUÉ NO PUEDO ANDAR EN LA CALLE TAN TARDE COMO QUISIERA? ¿POR QUÉ HAY UNA "HORA LÍMITE"? ¡NO LO ENTIENDO! ¿POR QUÉ ME TRATAN COMO A UN NIÑO? ¿POR QUÉ NO ME DAN LA LIBERTAD DE IR A DONDE QUIERA Y HACER LO QUE SE ME ANTOJE, Y TAN TARDE COMO SE ME DÉ LA GANA? (BRIAN, 16 AÑOS, INDIANÁPOLIS, INDIANA)

La libertad no es algo que los otros puedan darte, la libertad es la esencia de quien eres. Las palabras Libertad y Dios son intercambiables. Dios es Libertad, Libertad es Dios.

Tu alma es un aspecto individual de la divinidad, la esencia de quien eres. Si a tu alma se le pudiera describir como un concepto, tendría que ser libertad. Y amor también. Pero el amor, por supuesto, es la expresión de la libertad. Y la libertad es la expresión del amor. Y el amor expresado con libertad ¡es lo que Dios es!

¿Ves a lo que me refiero? Sigue siendo lo mismo. Sólo le estás asignando distintos nombres al mismo concepto.

QUÉ BUENA ONDA, PERO NO HAS RESPONDIDO MI PREGUNTA.

Estoy exponiendo los fundamentos. Tú me preguntas por qué tus padres no pueden darte la libertad que quieres, y yo te digo que ya tienes esa libertad porque es inherente a quien eres, y a lo que eres.

Si hay algo que no estés siendo o haciendo, como pasarte de la hora límite que te marcan tus padres, es porque tú así elegiste hacerlo.

¿PORQUE YO ASÍ ELEGÍ HACERLO? AQUÍ ALGO ESTÁ AL REVÉS. MIS PADRES SON QUIENES ME LO IMPIDEN.

No, tú eres quien te lo impide. ¿Tú crees que no hay chicos que se han quedado en la calle más tiempo del que sus padres les permitieron? ¿O que, en todo caso, huyeron de casa a los catorce, los quince o los dieciséis y no volvieron nunca?

AJÁ, SÍ, Y LO MÁS PROBABLE ES QUE TAMBIÉN SE HAYAN ARREPENTIDO.

Es verdad.

ENTONCES, EN REALIDAD NO QUIERES DECIR QUE YO DEBO DESOBEDECER A MIS PADRES DELIBERADAMENTE O HUIR DE CASA, ¿VERDAD?

Claro que no. Lo que quiero decir es que debes ejercer tu libertad como tú lo desees, pero también debes tomar en cuenta que tú eres quien está eligiendo.

Quiero decir que puedes ejercer tu libertad y honrar la hora límite de tus padres, pero, si eliges hacerlo, entonces no digas que tus padres te obligaron. Tú haces lo que haces por tus propios motivos, no por los de tus padres. ¿Recuerdas el ejemplo en el que tienes que cuidar a tu hermanito?

Con mucha frecuencia, los seres humanos tratan de responsabilizar a otros de sus decisiones y sus experiencias. Libertad significa que tú tomas las decisiones y tú creas la experiencia.

En otras palabras, haces lo que haces con el objetivo de obtener algo a cambio.

O SEA, ¿CONSEGUIR ALGO COMO UN LUGAR PARA VIVIR, UN LUGAR SIN GRITOS Y SOMBRERAZOS? O SEA, ¿COMO EVITAR QUE ME CASTIGUEN? ¿A ESO LE LLAMAS "LIBERTAD"? ¿A HACER ALGO PARA EVITAR LAS CONSECUENCIAS DE NO HACERLO? A MÍ NO ME PARECE QUE ESO SEA LIBERTAD, A MÍ ME PARECE QUE ES CHANTAJE.

A ninguna persona se le puede "chantajear" para que haga algo. Tal vez sólo se siente como si así fuera.

EN EL MUNDO REAL LAS COSAS NO FUNCIONAN ASÍ, EN EL MUNDO REAL HAY GENTE A LA QUE LE OBLIGAN A HACER TODO TIPO DE COSAS EN CONTRA DE SU VOLUNTAD.

Entiendo bien por qué lo ves de esta forma. Pero en realidad, lo único que hace la gente es tomar decisiones.

¡PERO HAY OCASIONES EN QUE NO PUEDES ELEGIR!

No es verdad, siempre se puede elegir. A eso me refiero. Si tú decides hacer algo distinto a lo que tus padres deciden, entonces tal vez tendrás que enfrentar las consecuencias, pero eso no significa que no hayas tenido elección.

Tus decisiones siempre reflejan tus deseos y valores. Siempre es así. Tus decisiones revelan todas tus opiniones respecto a lo que quieres y a quién eres, no hay duda sobre eso. De hecho, tus decisiones no son un indicativo de tu falta de libertad, sino de exactamente lo contrario.

Siempre recuerda: "Todo acto es un acto de autodefinición".

Por cada ejemplo que me des de gente que "tuvo que hacer" algo, yo puedo darte un ejemplo de gente que tomó el camino contrario.

Hay padres que en lugar de criar a sus hijos los abandonan. Aunque parecería que "tienen que criarlos", no lo hacen. Tus padres no te están criando porque "tienen que hacerlo", y tú no obedeces a tus padres porque tengas que hacerlo. En cuanto entiendas esto, verás la vida de una manera diferente.

Hay chicos que escapan de su casa en lugar de obedecer a sus padres. No obedecen a sus padres sólo "porque tienen que hacerlo". De hecho, tú no obedeces a tus padres porque tengas que hacerlo. Te repito que, en cuanto entiendas esto, verás la vida de una manera diferente.

Hay gente que ha elegido la muerte en lugar de llevar cierto tipo de vida, y esa gente no hace lo que hace "porque tenga que hacerlo".

YA HABÍAMOS HABLADO DE ESTO ANTES, YA ME LO HABÍAS DICHO.

Lo reitero porque se trata de un nivel de claridad que te puede dar mucho poder cuando lo alcances. Cuando llegues, cuando entiendas el concepto, todo cambiará, incluso la forma en que te experimentarás a ti mismo y a todos los demás en tu vida.

Siempre recuerda: "Nadie hace nada que no quiera hacer".

OKEY, OKEY, PERO NO HAS RESPONDIDO A MI PREGUNTA. PARA EMPEZAR, ¿POR QUÉ LOS PADRES TIENEN QUE IMPONER UNA HORA LÍMITE PARA ESTAR EN LA CALLE?, ¿O POR QUÉ TIENEN QUE COARTAR MI LIBERTAD DE ALGUNA FORMA? ¿POR QUÉ NO SÓLO SE PUEDEN MANTENER FUERA DE MI CAMINO?

Tus padres no están obstaculizando tu camino. Ellos lo están preparando. Tus padres suavizan una superficie que, sin ellos, podría llegar a ser muy accidentada. Sin embargo, no siempre van a estar ahí para hacerlo; mientras estén disponibles, trata de ver si su ayuda te sirve.

¡AÚN NO HAS CONTESTADO MI PREGUNTA! ¿POR QUÉ PARA "SUAVIZAR EL CAMINO" TIENEN QUE LIMITARME?

Muy bien. Vamos a tratar de ponernos en los zapatos de tus padres.

Introducirte en la máxima expresión de todo lo que eres, justo ahora, justo aquí, en este preciso instante, podría ser una experiencia abrumadora. Es por eso que decidí entregarte toda una vida para hacerlo.

¿Alguna vez te has sentido abrumado? Seguramente ha habido varios fines de semana en que te sientes abrumado por la cantidad de tarea que te dejaron, ¿verdad?

Pues bien, ahora imagina que te fueran entregadas ahora, justo frente a ti, todas las opciones respecto a ser, a los valores, y respecto a todas las experiencias importantes en la vida. ¿No crees que te sentirías aunque sea un poquito "abrumado"?

Si así fuera, sería porque no recuerdas bien quién eres. Tu vida es el proceso que tienes que atravesar para recordar quién eres. Si la vives "poco a poco", te será más sencillo asimilar toda la información que te está arrojando.

Sé que puedes entenderlo. Si cuidaras un día a tu hermanito, como lo mencionamos anteriormente, entonces habría algunas cosas que le permitirías y otras que no, ¿verdad?

PERO YO YA NO SOY UN NIÑO. YA SÉ LO QUE NECESITO SABER Y, ADEMÁS, ¿CÓMO VOY A ENTERARME DE LO QUE NO SÉ SI NO ME PERMITEN ARRIESGARME?

No lo harás. No puedes llegar a conocer algo que no se te permite.

¡ÉSE ES MI PUNTO! ¡ESO ES JUSTAMENTE LO QUE QUIERO DECIR!

Lo entiendo. No vas a aprender nada sobre la vida si tus padres no te lo permiten. Pero, por supuesto, lo que los padres tratan de hacer es ayudarte a evitar que aprendas las cosas "a la mala". Su intención es buena, pero, si no tienen cuidado, también te van a rodear de reglas, restricciones, limitaciones, regulaciones y guías que te impedirán confrontar cualquiera de las decisiones importantes y reales de la vida, y, por supuesto, también te impedirán enfrentar los resultados de haberlas tomado.

La pregunta para los padres no es si deben permitir a sus hijos confrontar y tomar sus propias decisiones, sino ¿cuántas?, ¿qué tan rápido?, ¿qué tan pronto? Los padres pueden decidirlo junto con sus hijos.

PERO MIS PADRES NO LO DECIDEN "JUNTO CONMIGO". ELLOS SÓLO EMITEN SUS MANDATOS, HACEN REGLAS Y DAN ÓRDENES.

Los padres eficientes no hacen eso. Los padres eficientes respetan el hecho de que sus hijos son, tan sólo, seres humanos jóvenes que tienen todos los derechos y deseos inherentes a la raza humana en cualquier lugar.

Pero es posible que, para desempeñarse, tus padres sólo cuenten con la experiencia de su niñez. Tal vez lo único que hicieron sus padres fue darles reglas también. Tal vez, si los escuchas y hablas con ellos, tú puedas ayudarles a romper esa cadena.

¿POR QUÉ LOS ADULTOS EXIGEN RESPETO PERO NO LO BRINDAN?
(PETER, MOSCÚ, RUSIA)

Algunos adultos no saben cómo respetar a sus hijos. La idea de respetar a un ser humano a quien se le dio la vida y que es mucho más joven, les es muy ajena.

Por lo general, son el tipo de gente que confunde el "respeto" con el "temor", en lugar de vincularlo al "amor". Son personas que respetan a otros (gente mayor, más fuerte o gente que, por su posición en la sociedad, ostenta más poder) porque temen lo que podría suceder si no lo hicieran. En cambio, a la gente que respeta a otros por amor, le es más sencillo respetar a sus niños.

Los padres eficientes caminan por la vida entendiendo lo que acabo de explicar. Ellos operan dentro de ese sistema y, por lo general casi nunca emiten reglas u órdenes arbitrarias. Esos padres ofrecen gradualmente a sus hijos (de acuerdo con la edad que éstos tengan) la oportunidad de crear juntos las condiciones para la vida que comparten.

Y ENTONCES, ¿QUÉ HAGO CON MIS PADRES?

Siéntate y ten una conversación con ellos. Una conversación como la que estamos teniendo aquí.

ESO NO VA A FUNCIONAR. NO ME VAN A ESCUCHAR, NUNCA LO HACEN. NO QUIEREN HACERME CASO, LO ÚNICO QUE QUIEREN ES QUE YO LOS ESCUCHE A ELLOS.

Si eso es verdad, si es realmente cierto, entonces muéstrales este texto. Diles: "Papá, mamá, con todo respeto, no quiero comenzar otra discusión, pero, ¿podrían hacerme un favor y leer algo?". Luego entrégales este libro, abierto precisamente en esta página. [1]

¿Y SI ESO NO FUNCIONA?

Entonces ejerce tu libertad. Utiliza tu poder original. Puedes ignorar a tus padres y aceptar las consecuencias o puedes obedecerlos y evitarte problemas. Tú eliges.

VAYA ELECCIÓN.

Es el mismo tipo de elección a la que te vas a enfrentar el resto de tu vida. Siempre será así, lo único que cambiará serán los "actores" en la "obra". El guión siempre será el mismo.

Siempre tendrás que enfrentar la elección entre lo que deseas, y lo que estás dispuesto a ser, a hacer o a tener para alcanzar lo que en verdad quieres lograr. Es a través de este proceso que te definirás a ti mismo.

Tus deseos serán lo que te defina a lo largo de toda tu vida. Por "definir" me refiero a todo aquello que decidas y que revele quién eres. ¿Lo sabías? Si quieres saber cuán evolucionada es una persona, entonces averigua cómo define "felicidad".

Otra cosa que también te define es lo que estás dispuesto a ser, hacer o tener con tal de obtener lo que deseas. Por tanto, esta situación que vives con tus padres, es sólo un entrenamiento para el proceso que tendrás que enfrentar el resto de tu vida.

Si llegas a comprender lo que sucede, el proceso podría convertirse en una experiencia gozosa porque es el proceso mismo de la libertad en expresión.

---

1. Pídeles que también lean *How to Talk So Kids Will Listen & Listen So Kids Will Talk* (Cómo hablar para que los chicos escuchen, y escuchar para que los chicos hablen), de Adele Faber y Elaine Mazlish. Es el libro sobre comunicación para padres más efectivo que he leído.

9

El sexo

💬 ¿POR QUÉ MIS PADRES ARMAN TANTO ALBOROTO RESPECTO AL SEXO? PORQUE, DIOS MÍO, EN VERDAD SE PONEN MUY LOCOS (SUSAN, 14 AÑOS, SPARTANBURG, CAROLINA DEL SUR).

En general, tus padres se ponen muy locos respecto al sexo porque sus padres también "se ponían muy locos". Y sus padres se ponían locos respecto al sexo, porque sus padres también lo hacían. Ha sido así durante cientos de años.

Sin embargo, no en todos los lugares ni en todas las culturas sucede así. Hay culturas en nuestro planeta que no consideran que el sexo sea algo vergonzoso o embarazoso, o algo que se deba ocultar. Para ellos, el sexo no es algo sobre lo que se deba callar, no es algo que se deba practicar "en secreto". No obstante, la gente sí lo ve así en muchos otros lugares.

A la mayoría de los humanos les avergüenza su cuerpo o, sencillamente, les da miedo. Es por eso que siempre se aseguran de cubrirlo y hasta aprueban leyes que exijan que todos se cubran.

¿Y por qué? Porque la mayor parte de los humanos tiene miedo de lo que sucedería si vieran desnudos a otros. Creen que correrán como locos impulsados por sus deseos incumplidos. Creen que sus mentes se llenarían de fantasías enfermizas, que se liberarían ansias animales que les sería imposible controlar (claro, todo eso a pesar de que hay destinos turísticos en playas y campamentos nudistas en donde nada de eso sucede).

¿PERO POR QUÉ? ¿POR QUÉ LLEGÓ A SER ASÍ?

En algún momento del camino muchos humanos se convencieron de que la mayor parte de lo que es "bueno" era malo para ellos. Se convencieron de que al combatir y negar sus deseos complacerían a Dios.

En algún momento del camino fabricaron la idea de que la pasión por lo terrenal les impedía el acceso a lo divino. Es por ello que adoptaron la renunciación como una práctica espiritual. (La renunciación es la práctica de negarse a sí mismo los placeres terrenales con el objetivo de poder concentrarse en lo que "en verdad" importa; y lo que "en verdad" importa, según algunos, no tenía nada que ver con obtener la felicidad aquí, sino en el Cielo. O como algunos místicos orientales lo definieron, "alcanzar la iluminación".)

¿LA RENUNCIACIÓN ES UNA PRÁCTICA NEGATIVA?

No puedes renunciar a ser quien eres para SER quien eres, porque el primer paso para alcanzar la santidad es ser íntegro. Siempre recuerda, "El primer paso para alcanzar la santidad es ser íntegro".

Cuando niegas una parte de ti mismo, también estás negando uno de los aspectos que yo mismo creé. Es como decir que yo no sabía lo que estaba haciendo cuando te creé o, aún peor, que sabía perfectamente lo que hacía y que ahora te exijo que niegues ese aspecto.

¿O TAL VEZ QUE LO USE DE UNA MANERA DISTINTA?

Renunciar a algo no es lo mismo que utilizarlo de manera distinta. Es tan sólo renunciar a ello. El sexo y su belleza, su pasión, la pura y desenfrenada diversión y gozo de éste, es algo que yo te di. Renunciar a eso sería renunciar a mí.

Por tanto, no renuncies ni al sexo ni a las otras maravillosas y divertidas cosas que te he dado en la vida. Sólo tienes que renunciar a cualquier tipo de adicción, y eso es muy distinto a exigirte que vivas sin lo que te he brindado. Aquí te estoy avisando que no tienes que renunciar.

ENTONCES, COMO LOS SERES HUMANOS PENSARON QUE DIOS QUERÍA QUE RENUNCIARAN AL SEXO, ¿LO CONVIRTIERON EN ALGO VERGONZOSO?

Para decirlo de manera sencilla, sí. Hubo un tiempo en que los humanos consideraban que sus deseos y actividades sexuales eran funciones naturales y gozosas de la vida. No las rodeaba ni la vergüenza ni la pena.

Luego, las enseñanzas culturales modificaron esas ideas y te hicieron creer que tener sexo de forma lúdica, con apertura y alegría, era "consentir tus instintos naturales más bajos", y que le era desagradable a Dios.

Algunos grupos y religiones incluso llegaron a enseñar que la única forma de alcanzar la santidad o la iluminación era abstenerse por completo de tener sexo.

Otros se dieron cuenta de que si todos hicieran eso, la raza humana desaparecería. Por tanto, enseñaron que si se deseaba engendrar nuevos niños, el sexo tendría que ser una parte "necesaria" de la vida. Decidieron que el único propósito y justificación del sexo sería la "procreación".

Esto significaría que tener sexo por cualquier otra razón que no fuera tener niños sería incorrecto. El control natal se convirtió en algo indebido, el sexo extramarital se convirtió en algo indebido, y por supuesto, el sexo entre los jóvenes (quienes no estaban en posición de casarse o de criar niños) se convirtió en algo totalmente indebido.

Tener relaciones sexuales por pura pasión y placer físico –y ni hablar del amor verdadero y de un urgente deseo de unirse con el ser amado– se convirtió en una violación de la "naturaleza sagrada" del sexo.

En muchas sociedades de la actualidad, algunas de esas ideas han cambiado y hay una actitud mucho más flexible al respecto. Sin embargo, mientras continúe habiendo necesidad de "escabullirse" y "esconderse", siempre resultará difícil capturar la alegría del sexo.

Por supuesto, parte de lo que hace que la expresión sexual sea gozosa es la voluntad de ser responsable con estas energías. Este concepto se aplica a todo en la vida.

Cuando los seres humanos, de cualquier forma, se comportan con irresponsabilidad, pueden atraer todo tipo de preocupaciones, complicaciones y consecuencias indeseables a su vida y a las vidas de otros.

Existen tres "Conceptos centrales del vivir integral" (hablaremos de esto más adelante), y la responsabilidad es uno de ellos. Cuando los seres humanos se comportan con responsabilidad, entonces pueden actuar con alegría.

Por desgracia, a pesar de la apertura en la actualidad, sigue siendo verdad que el sexo, una alegría natural para todos los seres humanos, fue condenado con tanta dureza en el pasado, que mucha gente en la sociedad de ahora todavía no puede acostumbrarse a usar el término adecuado para ciertas partes del cuerpo y, por supuesto, no permitirían que otras personas los vieran desnudos. En la actualidad, a la desnudez se le llama "impudicia".

En pocas palabras, mucha gente se siente avergonzada de sí misma. Los seres humanos han llegado a sentir vergüenza de sus propios cuerpos. Y cuando se trata de sus hijos, ciertamente, muchos padres "se ponen muy locos" respecto al sexo.

O SEA, PERO, EN SERIO. MI PADRE NO TIENE NINGÚN PROBLEMA CON QUE YO VEA PELÍCULAS CON UN MONTÓN DE SANGRE DERRAMÁNDOSE, VIOLENCIA Y GENTE A LA QUE LE DISPARAN Y SALE VOLANDO POR TODOS LADOS, PERO, ¿UNA PELÍCULA CON GENTE DESNUDA HACIENDO EL AMOR? ¡JAMÁS!

Sí, ése es un reflejo de las actitudes de tu sociedad y también es parte importante de lo que constituye tu ambiente, un ambiente en el que la violencia se expresa y la sexualidad se reprime.

Ah, eso me recuerda:

¿Y POR QUÉ TENGO QUE PAGAR BOLETO DE ADULTO EN EL CINE SÓLO PORQUE TENGO TRECE AÑOS, PERO NO ME DEJAN VER PELÍCULAS CLASIFICACIÓN C? ES UNA REGLA ESTÚPIDA (KARUS, 13 AÑOS, ASHLAND, OREGON)

Lo sé. En lo que se refiere al contenido, te están tratando como un niño, pero, cuando se trata de llenar la cartera del dueño de los cines, eres todo un adulto.

¡CORRECTO!

Dada la preocupación que tiene la sociedad en que vives por acumular dinero, no resulta sorprendente que la ley favorezca al dueño del cine. Tampoco es sorprendente la ironía que este sesgo provoca. Los seres humanos sólo podrán acabar con sus comportamientos contradictorios cuando decidan modificar sus prioridades.

ENTONCES, ¿CUÁL ES EL PROPÓSITO DEL SEXO? (RICHARD, 14 AÑOS, MIAMI, FLORIDA)

(UNA PREGUNTA QUE TAMBIÉN HICIERON MUCHOS OTROS JÓVENES)

Tú tienes que hacer una declaración personal al respecto. Tú eres quien define el propósito de todas las cosas de la vida, no yo. Lo único de lo que yo he definido el propósito es de la vida misma. El propósito de la vida es ofrecerte una oportunidad para anunciar, declarar, crear, experimentar, expresar y cumplir quién eres en verdad.

Fuiste hecho a imagen y semejanza de Dios. Dios es el Creador y ése es el modelo con el que fuiste creado. Esto significa que ustedes también son creadores.

Si yo les indicara qué es lo que deben crear y cómo deben hacerlo, entonces no sería una creación auténtica, sólo estarían obedeciendo.

Siempre recuerda: "La obediencia no es creación". Es por eso que yo te doy regalos, y tú eliges qué harás con ellos. La vida es el regalo más grande que te he dado. Existe porque es una oportunidad para que te crees y recrees a ti mismo una vez más en cada fulgurante momento del ahora. En una versión aún más grande que la mayor versión que alguna vez tuviste de quien eres.

El sexo es otro regalo. Si se expresa y se experimenta con responsabilidad, puede ser uno de los aspectos más gozosos y emocionantes de la vida.

Para que no quede ninguna duda, permíteme reiterar que en este libro me estoy refiriendo al sexo responsable: al que se tiene habiendo entendido todos los aspectos de la salud, habiendo tomado en cuenta todas las consecuencias, habiendo tomado todas las precauciones y habiendo expresado toda la alegría.

ENTONCES, EN LO QUE SE REFIERE AL SEXO, ¿CUÁL ES "LA MÁS GRANDE VERSIÓN DE QUIENES SOMOS"?

Como ya lo mencioné, tú eres quien decidirá eso. Algunas personas creen que el propósito del sexo es compartir el amor y celebrar la vida. Otros creen que sólo sirve para satisfacer un instinto físico elemental. Otros, como ya dije, dicen que su único objetivo es engendrar bebés. Tú puedes estar de acuerdo con alguno de esos puntos de vista o puedes crear tu propia opinión.

¿POR QUÉ SOY LESBIANA? (JENNY, 16 AÑOS, MIAMI, FLORIDA)

Jenny, eres lesbiana por la misma razón que eres diestra o zurda, por la misma razón que tienes ojos cafés, o porque tienes cualquier otra característica que te hace ser tú.

La genética humana le da origen a todas tus características físicas individuales, mucho antes de tu nacimiento. Es algo muy natural. Tú eres muy natural y lo que eres, es perfecto para ti.

Yo te amo así como eres porque eres perfecta. Eso significa que eres perfecta para mí. Ahora sal al mundo y celebra quien eres. Celebra tus cualidades y tus talentos, tus esperanzas y sueños, tus pasiones y visiones. Celebra todo lo que te hace ser una con el universo, y todo lo que te hace ser única.

Ahora bien, cuando te digo que "celebres", no me refiero a que seas insensible con los demás. La celebración no significa restregar un hecho en la cara de otras personas ni hacer sentir incómoda a la gente a propósito.

La celebración es la aceptación pacífica, la experiencia feliz y la expresión gozosa de quien eres. Una celebración siempre significa contribución. Al ver de qué forma estás contribuyendo algo a ti misma y a los otros, podrás saber si estás realmente celebrando.

Así que celebra y contribuye, porque si tú contribuyes con la vida, la vida contribuirá contigo. Y a partir de lo que tú contribuyas a la vida, ésta te brindará la mayor experiencia de quien eres.

Siempre recuerda: "A partir de lo que tú contribuyas a la vida, ésta te brindará la mayor experiencia de quien eres".

💬 ME SIENTO CONFUNDIDO Y ATEMORIZADO RESPECTO A LOS RE-
CIENTES DESCUBRIMIENTOS SOBRE MI IDENTIDAD SEXUAL. ACABO
DE LLEGAR A LA CONCLUSIÓN DE QUE SOY GAY. ¿CÓMO PUEDO
COMUNICARLO A QUIENES AMO? (TOMMY, 18 AÑOS, MOBILE, ALABAMA)

Diles la verdad. Si tienes temor de contárselos, entonces también explícales eso. Diles que sientes tanto temor de que no lo aprueben, que ya no crees que puedas seguir siendo honesto. Diles que hay varios temas que te da miedo discutir con ellos, y pregúntales si hay algo que puedan hacer o decir para ayudarte a no sentir más temor.

Si no pueden hacerlo o si tu temor no mengua, entonces tendrás que lidiar con él y decir la verdad de cualquier manera. Diles cariñosamente lo que quieres comunicarles sobre tu sexualidad y pídeles que te aconsejen sobre la mejor forma para manejar tu experiencia.

Si has descubierto que sientes una atracción física por personas de tu mismo sexo, y compartes esta información con tus padres, también dales oportunidad de tener una reacción espontánea y esfuérzate para no juzgarlos por ella, de la misma forma en que tú esperas que ellos no te juzguen por tus elecciones y decisiones.

Diles lo que quieres que sepan y pídeles su amor. Déjales saber que, sin importar la situación, tú siempre los amarás. Dales una imagen de la reacción que esperas recibir de ellos. En pocas palabras, trata a los demás como te gustaría que te trataran.

No será fácil, en particular si su reacción es negativa, si te atacan de manera personal o si te juzgan. Pero, de cualquier forma, recuerda que los ataques también son una forma de pedir ayuda.[1]

---

[1]. En prácticamente cada ciudad, hay lugares en los que podrás encontrar apoyo emocional en estos momentos. La organización llamada P-Flag (Padres y Amigos de Lesbianas y Gays, por sus siglas en inglés) es uno de ellos. Su sitio se puede localizar fácilmente a través de la página de Internet (www.pflag.com) y, por lo general, publica la lista de sus sucursales en el directorio telefónico.

Aquí se incluyen algunas fuentes adicionales que se pueden contactar, incluso sin contar con un enlace a Internet:

El Proyecto Trevor. Esta organización sin fines de lucro tomó su nombre del corto cinematográfico sobre un niño de trece años que trata de suicidarse por los problemas que le causa su sexualidad. El Proyecto Trevor tiene un número telefónico de emergencia gratuito y con alcance internacional, disponible las veinticuatro horas del día para prevenir el suicidio de jóvenes gays. Número telefónico: 1-800-850-8078.

El número de emergencia Nacional para Gays y Lesbianas: 1-888-THE-GLNNH (1-888-843-4564), atención de lunes a viernes, de 4 pm a la media noche, y los sábados de medio día a las 5 pm Dirección: EST. PMB #296, 2261 Market Street, San Francisco, CA 94114. Teléfono de administración: 1-888-415-3022, fax: 415-552-5498; página web: www.glnh.org; correo electrónico: glnh@glnh.org.

💬 **¿POR QUÉ NO PUEDO TAN SÓLO TENER SEXO Y QUE TODO MUNDO ESTÉ DE ACUERDO CON ESO? ¿POR QUÉ TANTO ALBOROTO? (CLAUDIA, 16 AÑOS, PERTH, AUSTRALIA)**

Nunca vas a hacer algo con lo que todo mundo esté de acuerdo. "Todo mundo" es un concepto demasiado amplio. La verdadera pregunta es: ¿puedes tener sexo y estar de acuerdo tú con eso?

La pregunta que está todavía un poco antes, es ¿qué es lo que puede hacer que tú estés de acuerdo?

¡YO ESTOY DE ACUERDO! ¡POR MÍ ESTARÍA BIEN! ¡EL PROBLEMA SON LOS DEMÁS! ¡ÉSE ES EL PROBLEMA!

¿Y por qué es un problema?

¿PARA EMPEZAR? PORQUE MIS PADRES ME MATARÍAN.

No, no te matarían y, lo más seguro es que tampoco se sorprenderían. Lo que quieres decir es que no lo aprobarían.

Hetrick-Martin Institute, 2 Astor Place, Nueva York, NY 10003, 212-674-2400. El programa de este instituto es para jóvenes de 12 a 21 años. El Instituto cree que todos los jóvenes, sin importar su orientación sexual o identidad, merecen un ambiente seguro y de apoyo, en el que puedan utilizar todo su potencial. HMI crea este ambiente para lesbianas, gays, y jóvenes con dudas, y sus familias. A través de un paquete completo de servicios directos y referencias a otros proveedores, HMI busca promover el sano desarrollo de la juventud. El equipo de HMI se preocupa por la excelencia al proporcionar servicios para jóvenes, y hace uso de su experiencia para crear programas innovadores que otras organizaciones pueden tomar como modelo.

La línea de emergencia para casos de suicidio es 1-800-SUICIDE.

SAVE (Suicide Awareness Voices of Education), teléfono: 952-946-7998, Minneapolis, MN 55424-0507, www.save.org; e-mail: sabe@winternet.com. Es una organización dedicada a educar al público sobre la prevención del suicidio.

Covenant House (800-999-9999) recibió 84 000 llamadas de crisis, de adolescentes de todo Estados Unidos que necesitaban ayuda inmediata y no tenían a quién recurrir. Covenant House es la agencia de cuidado infantil más grande en Estados Unidos con una operación respaldada por fondos privados. Provee servicios a indigentes y jóvenes que abandonaron sus hogares. Se incorporó a la ciudad de Nueva York en 1972 y, desde entonces, se ha extendido a Anchorage, Atlantic City, Detroit, Fort Lauderdale, Houston, Los Ángeles, Newark, Nueva Orléans, Oakland, Orlando, Filadelfia, San Luis, Washington; y, fuera de Estados Unidos, a Toronto, Vancouver, Guatemala, Honduras, México y Nicaragua. Además de ofrecer comida, resguardo, ropa y cuidado en situaciones de crisis, Covenant House brinda una variedad de servicios a jóvenes indigentes, que incluyen salud, educación, orientación vocacional, programas de tratamiento y prevención de abuso de drogas, servicios legales, entretenimiento, programas madre-hijo, programas para transición de viviendas, alcance urbano y cuidado extensivo. www.covenanthouse.org.

¡DAAA!, PUES SÍ, ESO ES LO QUE QUISE DECIR...

¿Y por qué crees que tus padres no lo aprobarían?

PORQUE CREEN QUE EL SEXO ES MALO, INCORRECTO, VERGON-ZOSO O ¡LO QUE SEA!

Eso podría ser cierto, pero, si te conviertes en un ávido estudiante de la raza humana, descubrirás que, con mucha frecuencia, la gente, de forma individual, tiene opiniones muy distintas a las que mantiene como parte de un grupo.

¿O SEA?

Significa que es posible que tus padres, de manera individual, no tengan o compartan muchas de las ideas sobre el sexo que la sociedad, como grupo, mantiene.

¿ENTONCES POR QUÉ NO QUIEREN QUE YO LO EXPERIMENTE?

Tal vez sólo porque sienten que es demasiado pronto.

¿DEMASIADO PRONTO? ¿CUÁNTO ES "DEMASIADO PRONTO"? ¡HE LEÍDO QUE EN ALGUNAS CULTURAS LOS CHICOS LO HACEN DESDE QUE TIENEN 12 AÑOS!

No existe una edad recomendada para la iniciación y la actividad sexual. Varía de cultura a cultura y de persona a persona.

BIEN, PUES YO SIENTO QUE ESTOY LISTA.

¿En serio?, ¿has estudiado con cuidado todas las consecuencias posibles?, ¿has explorado, en verdad explorado las consecuencias de las relaciones amorosas profundas?, ¿el embarazo?, ¿las enfermedades de transmisión sexual, incluyendo el SIDA?

¿Crees que sabes todo lo necesario sobre estos temas? Si no estás segura, habla con tus padres al respecto. Si estás segura, de cualquier manera, platica con ellos y comparte las ideas que crees entender.

Háblales sobre el SIDA, el VIH, y sobre todo lo que sabes al respecto. Pregúntales todo lo que no sepas. Si tampoco saben, busquen juntos las respuestas.

Explora los distintos medios de control natal. ¿Ya sabes todo lo necesario sobre tema? Habla con tus padres acerca de eso.

¿ESTÁS BROMEANDO? NO HAY FORMA ALGUNA EN QUE PODAMOS HABLAR SOBRE ESOS TEMAS.

Podrías estar equivocada en eso.

ESTOY SEGURA, CRÉEME.

Entonces haz que lean este libro.

AQUÍ VAMOS OTRA VEZ.

Hablo en serio. Haz que lean el libro. Luego, si continúan sin hablar contigo, diles que estás a punto de tomar algunas decisiones sobre tu sexualidad y que preferirías hacerlo con sus buenos consejos que sin ellos. También diles que, desde tu perspectiva, las "órdenes" no son buenos consejos.

QUÉ TIPO ERES, ¿SABES? ¿Y TÚ CREES QUE YO PUEDO DECIRLES ESO A MIS PADRES?

Si no puedes tener una conversación honesta con tus padres, ¿entonces de qué sirve tener padres? Pregúntales ESO.

¡VAYA!

Sí, "vaya". Diles por qué quieres tener sexo, cómo esperas enfrentar esta experiencia en tu vida, los valores que has ido construyendo al respecto, y luego pídeles sus honestos, cuidadosos y cariñosos consejos. Y no te saques de onda si tus padres te sorprenden.

Podrían estar dispuestos a hacer algo más que hablar. Tal vez también estarían dispuestos a "entender" que los mandatos y las órdenes ya no van a funcionar. Incluso podrían comprender tus sentimientos y deseos mucho mejor de lo que te imaginas.

EN LA PRIMERA PÁGINA DEL LIBRO DIJISTE QUE PUEDO TENER TODO EL SEXO QUE QUIERA, TODOS LOS DÍAS DE MI VIDA Y QUE TODO MUNDO ESTARÍA DE ACUERDO. ¿A QUÉ TE REFERÍAS CON ESO? PORQUE NO SUENA A LO QUE ME ESTÁS DICIENDO AHORA.

Dije que, antes que nada, tienes que entender lo que es el sexo y que, posiblemente, no sea lo que tú piensas que es.

CREO QUE ENTIENDO BASTANTE BIEN LO QUE ES EL SEXO. TAL VEZ NO POR MI EXPERIENCIA, SINO PORQUE HE ESCUCHADO LO SUFICIENTE PARA SABER DE QUÉ SE TRATA.

Tal vez sabes lo suficiente sobre la relación sexual, pero, ¿sabes lo suficiente sobre el sexo? Porque, si es así, entonces tal vez ya sabes que "tienes sexo" todos los días. Que hay un intercambio de energía sexual entre las personas desde el momento en que se conocen.

Todos ustedes son transmisores de energía que envían señales a los 360 grados del círculo que se forma a su alrededor. Estos rayos de energía se extienden, desde el lugar donde los emiten hasta el infinito. Se cruzan con los rayos de energía de otros seres y otras cosas y, así, forman una red interminable de emanaciones que tienen un impacto físico en el espacio en el que existen, emanaciones con las cuales se establecen vibraciones muy peculiares. Todo lo que existe genera estas emanaciones.

Cuando te encuentras en un espacio en particular, son estas "vibraciones" lo que sientes y ante lo que reaccionas. Puedes "sentir la vibra" en cuanto entras a una habitación o a cualquier otro sitio. Asimismo, en cuanto la emanación de otro ser se modifica, tú puedes sentir el cambio. Y ni hablar de las emanaciones de un grupo de seres.

La gente reacciona ante estas emanaciones. También lo hacen las plantas y los animales. La misma Tierra lo hace. El universo entero reacciona a ellas. El universo entero ES estas emanaciones. Eso es lo que todo el sistema es. Es lo que mantiene unido al contenido. Es lo que le envía información al sistema sobre el sistema mismo. Es la esencia de todo.

El espectacular proceso a través del cual se emana esta esencia desde, o hacia, se llama S-E-X-O. Sistema de Energía Extra Ordinaria.

¡ES COMO... *THE MATRIX*!

Así es y, al igual que en la película, también se trata de una realidad imaginaria. La única diferencia es que no hay una fuerza siniestra detrás de todo esto; tampoco hay una colonia ni una inteligencia artificial, ni un ejército de robots.

Tú eres quien está creando la realidad imaginaria de tu *matrix* todo el tiempo. Eres creador y creación. Tu *matrix* es el campo de energía combinada y colocada en su lugar por todos ustedes. Sus efectos se pueden localizar cuando el poder de este campo de fuerza se intensifica en cualquier lugar y momento en particular.

La mayoría de la gente no puede ver el campo de fuerza, sin embargo, todos lo pueden sentir, y también, casi todos pueden describir cómo se sienten en uno u otro momento, de una u otra forma. Las personas que son muy sensibles perciben el campo de fuerza con mucha frecuencia.

Los estudiantes que se encuentran en el camino hacia convertirse en maestros ya entendieron que están sintiendo y creando el campo de fuerza al mismo tiempo, y que aún se encuentran en el proceso de memorizar cómo deben usar este poder en sus vidas.

Los maestros son quienes han llegado a una conciencia profunda de toda esta información. A través de ella, los maestros viven, se mueven y tienen su ser.

Cuando experimentes el S-E-X-O con un maestro, lo sabrás.

YA ENTENDÍ, PERO CREO QUE YA TE DISTE CUENTA DE QUE ÉSTE NO ES EL TIPO DE SEXO DEL QUE ESTOY HABLANDO.

Todo es la misma cosa, sólo que estamos hablando de distintas expresiones de la misma energía.

Cuando entiendas eso, cuando comprendas que "tienes sexo" en todo momento de tu vida, entonces te concientizarás de la energía que envías y de la que recibes.

La energía que envías la comienzas a crear a propósito de una forma específica. Después de algún tiempo de hacerlo con constancia, obtendrás tu "carisma".

Y EXACTAMENTE ¿CÓMO LO HAGO?

Se hace con una herramienta muy sencilla, se llama "humor". El humor en el que estás es el humor que llevas contigo a un lugar y que puede afectar el estado de ánimo en el ambiente. Se puede decir, por tanto, que estás recreándolo. Todo cambia en cuanto entras tú.

Ahora bien, no todos entienden lo que es la magia del humor. En este preciso momento tienes la oportunidad de entenderla con el propósito de cambiar tu vida entera.

¿ESO VA A MEJORAR MI VIDA AMOROSA? ¡PORQUE ESO ES DE LO QUE QUIERO HABLAR!

Créeme: lo que te voy a decir tiene todo que ver con el tipo de intercambio de energía extraordinaria al que te refieres. El humor es lo más importante en lo que se refiere a todo tipo de S-E-X-O.

La magia del humor es que lo torna creativo y no tiene que ser reactivo.

La mayoría de las personas cree que su humor es una reacción a algo que está fuera de ellas, algo que existe u ocurre. Estas personas suelen decir que "una situación" las puso de cierto humor o, incluso, que las puso "de mal humor".

Pero quienes entienden la magia del humor, saben que, sin importar nada, el humor no tiene que ser sólo una "reacción", también puede ser una "creación". Es decir, tú puedes decidir, con anticipación, de qué humor quieres estar. Lo puedes hacer antes de que sepas siquiera cuáles serán las condiciones o los sucesos que pasarán en un lugar y sitio particulares.

Al elegir tu humor antes del momento, en lugar de hacerlo en el momento, causarás un enorme impacto. Es así como comenzarás a crear las condiciones y los eventos que se presenten. El momento no es lo que afecta tu humor sino todo lo contrario: es tu humor lo que afecta al momento.

De repente, en lo que se refiere a cómo estás viviendo tu vida, descubres que ya eres parte de la causa del asunto. Ya no estás del lado "del efecto" de la vida, sino del lado de "la causa".

Este sencillo cambio en la visión, puede modificar cada uno de tus días.

ESO ES GENIAL. ES CASI, COMO... GUAU. NUNCA LO HABÍA PENSADO ASÍ, NUNCA HABÍA VISTO LAS COSAS DE ESA FORMA. OSEA, TOMANDO EN CUENTA QUE COMENZAMOS HABLANDO DE HACER EL AMOR, LA DISCUSIÓN REALMENTE SE EXTENDIÓ.

Bueno, en realidad nunca dejamos de hablar de "hacer el amor". Siempre recuerda: "El amor no se mide por el número de veces que ustedes se tocan entre sí, sino por el número de veces que se encuentran el uno al otro".

¡GUAU!

Sí, guau.

NO TODOS LOS ADOLESCENTES SIENTEN QUE EL SEXO SEA IMPORTANTE EN ESTA ETAPA DE SUS VIDAS. YO, POR LO PRONTO, CREO QUE SE EXAGERA DEMASIADO. NO PIENSO TENER SEXO HASTA QUE ME CASE.

Eso está muy bien, pero ¿ya sabes por qué decidiste eso?

CLARO. PORQUE CREO QUE EL SEXO ES UNA PARTE SAGRADA DE LA EXPERIENCIA HUMANA Y SÓLO SE DEBE COMPARTIR DENTRO DE LA SANTIDAD DEL MATRIMONIO.

¿Quién te dijo eso?

MI MAMÁ, PERO YO ESTOY DE ACUERDO CON ELLA.

¡Súper!

YO NO SABÍA QUE DIOS DIJERA "¡SÚPER!".

Para hablar con las personas, Dios usa el lenguaje que les es más natural. ¿Qué, tú no dices, "súper"?

AJÁ.

Súper. Yo también.

¿ENTONCES ESTOY EN LO CORRECTO RESPECTO AL SEXO Y EL MATRIMONIO?

Creo que es un buen momento para abordar todo el tema de Dios y cuáles son mis opiniones.

10

Dios

💬 **¿QUIÉN ERES?** (BRIGIT, 13 AÑOS, OSLO, NORUEGA)

¿Quién no soy?

NO ENTIENDO LO QUE QUIERES DECIR.

Significa que no hay nadie, y no hay nada que no sea yo.

O SEA QUE, ¿TÚ ERES TODO Y TODOS?

Sí, eso es lo que quiero decir.

¿TAMBIÉN ERES LA GENTE MALA, LAS COSAS MALAS?

No existe la gente "mala" ni las cosas "malas". Sólo existe la gente y las cosas a las que ustedes nombran "malas".

ES LO MISMO.

Para ti lo es, pero no para mí.

Y ENTONCES ¿ESO QUÉ SIGNIFICA?

Significa que tenemos distintos valores. Significa que tenemos distintas formas de comprender los conceptos. Significa que tú emites juicios y yo no.

¿DIOS NO JUZGA? PENSÉ QUE ESO ERA PRECISAMENTE A LO QUE SE DEDICABA.

Bien, la raza humana ha creído eso durante bastante tiempo, pero no es verdad. Es uno de esos malos entendidos que mencioné. Es un engaño. El engaño del juicio, el cual es seguido por el engaño de la condena. Ya fue escrito: "No juzgues y no condenes".

ENTONCES, ¿QUIERES DECIR QUE EN VERDAD NO JUZGAS? ¿QUE PERDONAS A TODO MUNDO SIN IMPORTAR EL PECADO? (LILY, MIAMI, FLORIDA)

Yo no perdono a nadie. Eso es lo primero que tienes que entender respecto a mí. Yo jamás te voy a perdonar por nada de lo que hagas. En cuanto lo tengas claro, conseguirás una nueva comprensión de Dios y podrás interactuar conmigo de una forma completamente nueva.

No perdono a nadie porque no hay nada que perdonar.

¡DEBES ESTAR BROMEANDO!

No. El perdón sólo es necesario cuando alguien fue lastimado o herido. Tú no puedes lastimar ni dañar a Dios.

¿No puedo lastimarte? ¿Acaso no te duele cuando peco?

No, no más de lo que "duele" ver a un niño que apenas gatea, hacer algo que "se supone" que no debe hacer. ¿Eso te hace sentir "lastimado"?, ¿te sientes herido?

NO...

Claro que no, y yo tampoco me siento herido. No hay ninguna manera en que puedas lastimarme. Yo soy Todo, lo tengo Todo y siempre seré Todo. No necesito nada, no requiero nada para ser "feliz". Para mí no es necesario que hagas o no hagas algo. No necesito que seas o no seas algo. No necesito que tengas o no tengas algo.

No necesito que me adores, que me temas o que me ames.

PERO SÍ NECESITAS QUE TE OBEDEZCAMOS, ¿VERDAD?

No necesito nada de ti, por tanto, no te exijo nada y no necesito que obedezcas.

¿Tú crees que estoy aquí arriba inventando reglas para que las cumplas, creando regulaciones para que te apegues a ellas? Todo eso lo estás haciendo tú.

Como no hay forma en que me puedan lastimar, tampoco tengo ninguna razón para sentirme molesto o enojado. Es completamente innecesario que te "perdone" por algo que hayas hecho porque nada de lo que hayas hecho podría lastimarme y, al no haber daño, tampoco hay necesidad de una retribución o de aplicar "justicia".

Incluso en los propios tribunales de los humanos, se ha establecido que, para exigir justicia, primero se tiene que probar que se ha cometido un daño. Si el tribunal encuentra que "el otro" no ha cometido un daño contra ti, entonces ¡"el otro" no será castigado "nada más porque sí"! Si los tribunales humanos no lo hacen, ¿por qué habría de hacerlo yo?

¿PERO QUÉ TAL SI LE HAGO ALGO MALO A ALGUIEN? TAL VEZ NO PUEDA LASTIMARTE A TI, PERO ESTOY SEGURO DE QUE PUEDO

LASTIMAR A OTROS SERES HUMANOS. LO HE HECHO. LA MAYORÍA DE LA GENTE SIENTE QUE ESO ES POR LO QUE NECESITA SER PERDONADA.

Sí, pero entonces no tienes que pedirme perdón a mí. A mí no es a quien le hiciste algo "malo", y por eso, no tengo ninguna razón para perdonarte.

Yo entiendo por qué has hecho todo lo que has hecho en tu vida. Yo sé lo que estabas pensando en ese instante y sé por qué lo hiciste.

Cuando entiendes por qué alguien hizo algo, se te dificulta continuar enojado con esa persona, incluso si no estás de acuerdo con la razón por la que lo hizo. En mi caso, para empezar, nunca me enojo.

Yo entiendo demasiado. Yo sé demasiado. Y no soy capaz de experimentar enojo porque mi nivel de comprensión no lo permite.

DE CUALQUIER FORMA, ME SIENTO MAL POR HABER LASTIMADO A OTROS.

Entonces pídeles perdón a ellos. Y pídete perdón a ti mismo.

HAY ALGUNAS COSAS POR LAS QUE PARECE QUE AÚN NO ME PUEDO PERDONAR.

¿Quieres saber cómo puedes hacerlo?

¡SÍ! ¡DÍMELO, SÍ!

Perdona a otros por la misma ofensa. Perdona las mismas faltas, las mismas debilidades, los mismos rasgos ofensivos de carácter. Perdona a otros por los mismos errores que tú te has visto cometer.

¿Y ESO ME VA A FUNCIONAR?

Es una fórmula mágica, cuando sanes el corazón de otros, entonces sanarás el tuyo.

💬 OKEY, TAL VEZ, PERO ¿CÓMO PUEDO BORRAR DE TU LIBRO DE JUICIOS LAS COSAS MALAS QUE HE HECHO, PARA QUE LAS OLVIDES? ¿PARA PODER COMENZAR DE NUEVO? (AYLA, 13 AÑOS)

Mi preciosa Ayla, no existe NINGÚN "libro de juicios". ¡Es justo lo que estoy tratando de hacerte entender!

Yo no soy Santa en el Polo Norte haciendo su lista y verificando dos veces para ver quién se portó bien y quién fue un malcriado durante el año. Ése no es quien soy. Eso no es lo que hago.

Quizá resulta sorprendente para los seres humanos enterarse de que no existe lo correcto y lo incorrecto, lo bueno y lo malo. Sólo existe lo que funciona y lo que no funciona en relación con lo que tratas de lograr.

¿CÓMO ES POSIBLE? ¿NO ES MALO MATAR? ¿LA CRUELDAD NO ES MALA?

Si matar es malo, si la crueldad es mala, ¿entonces qué hay con las guerras? ¿Con golpear a alguien que entró a tu casa para robarse a tu bebé?

ESO ES DIFERENTE, SE HACE EN DEFENSA PROPIA.

Ah, entonces quieres decir que sí hay situaciones en las que no es malo matar y ser cruel.

A LA DEFENSA PROPIA NO SE LE LLAMA MATAR O SER CRUEL, SE LE LLAMA DEFENSA PROPIA.

Modificar los términos no cambia tus acciones, sólo las justifica.

¿QUIERES DECIR QUE NO DEBEMOS MATAR O INFLIGIR DAÑO EN DEFENSA PROPIA?

No, eso no es lo que quise decir. Además, eso lo tienes que decidir tú, no yo. Con ese tipo de decisiones estás forjando tu realidad. Éstas y otras decisiones que tomes sobre tu especie y sobre la forma en que conviven, son con lo que se construye el mundo de la forma en que lo conoces.

Yo no soy quien decide cómo vas a crear ese mundo, ser testigo de que lo hagas y castigarte si no lo haces. Yo te di el libre albedrío para que forjes el mundo de acuerdo con los sueños más maravillosos que de él tienes. Si en los sueños más grandes que tienes del mundo las cosas son así, pues entonces que así sea.

Lo que trato de señalar aquí es que el bien absoluto y el mal absoluto no existen. Algo a lo que se le llama "mal" existe sólo porque tú dices que está mal, y algo que está bien, sólo lo está por la misma razón. Además, los seres humanos cambian todo el tiempo de opinión sobre lo que decidieron que estaba bien y sobre lo que decidieron que estaba mal. Para ellos, todo depende de las circunstancias.

¿Y QUÉ HAY DE MALO CON ESO?

Nada. Ése es el punto. No hay nada "malo" con cambiar de opinión sobre lo que está "bien" y lo que está "mal", porque eso es lo que funciona en relación a lo que has declarado que deseas.

Si declaras que lo que quieres hacer es vivir en paz y armonía, entonces decir que está "mal" lastimar o matar a alguien en defensa propia, tal vez no sea lo adecuado para ti.

Un día podría suceder en la Tierra que ya no se acostumbre herir o matar a alguien en defensa propia, pero claro, eso sólo podría suceder en una sociedad sumamente sofisticada, en donde se entienda que el ser no necesita ser defendido porque no puede ser lastimado, herido ni destruido.

Pero en este momento ésa no es la forma en que se entienden las cosas, y lo que funciona para ti, es decir, tus ideas sobre el bien y el mal, siempre serán un reflejo de la forma en que actualmente se entienden las cosas. A lo que le llamas "correcto" es sólo la mejor forma que conoces de lograr lo que has expresado que deseas experimentar.

¿ASÍ QUE "BIEN" Y "MAL", "CORRECTO" E "INCORRECTO", SON CONCEPTOS CAMBIANTES?

Sí, son conceptos que varían, que se modifican de vez en cuando y en distintos lugares.

Tal vez no esté "mal" correr un coche a 200 kilómetros por hora si tu objetivo es ganar las Quinientas Millas de Indianápolis, pero podría estar "mal" si lo haces para llegar al supermercado. Todo depende de lo que pretendas lograr.

Si estás viajando hacia el oeste en los Estados Unidos y quieres ir a Seattle, que está al norte, no es "moralmente incorrecto" dar la vuelta hacia el sur y dirigirse a San José. No es una cuestión de "correcto" e "incorrecto" o "bueno" y "malo", es cuestión de qué es lo que te va a ayudar a llegar al lugar que deseas.

¡GUAU, AHORA LO ENTIENDO!

Por tanto, "malo" y "bueno" no existen como conceptos absolutos, sólo como valoraciones momentáneas de lo que sí funciona y lo que no funciona. Ustedes son quienes hacen estas valoraciones, de forma individual o como sociedad, y las hacen tomando en cuenta lo que desean experimentar y la manera en que se ven a sí mismos en relación con todo lo demás que es.

¿Y ESO QUÉ SIGNIFICA?

Si tú te ves a ti mismo como uno, vinculado a todos los demás y a todo lo que es, vas a tener ideas específicas respecto a lo que sí funciona y lo que no funciona en tus pensamientos, palabras y acciones. En cambio, si te ves separado de todos los demás y de todo lo que es, tendrás otro tipo de ideas.

Todo depende de lo que quieras lograr (o dicho de una forma más amplia, lo que tú crees que es el propósito de la vida) y de la forma en que vives tu relación con todo aquello que existe (es decir, la forma en que defines quién eres).

Y AQUÍ ES EN DONDE ENTRAN EN JUEGO LAS CREENCIAS.

Precisamente. Tus creencias al respecto producen un grupo de estándares, las creencias de alguien más producirán otro grupo de estándares. Las creencias de la sociedad en conjunto, generarán una historia cultural que se unirá a otra y a otra, creando la historia colectiva. La misma historia colectiva ya lo ha demostrado.

💬 **¿ACASO NO MUCHOS DE NOSOTROS ESPERAMOS ENCONTRAR EN NUESTRA RELIGIÓN LAS CREENCIAS MÁS NOBLES?** (JOSH, 18 AÑOS)

Sí, y como respuesta, sus religiones les han enseñado a separarse, a necesitar, a sentirse superiores, a fracasar, a juzgar y a condenar. Todas estas creencias los mantienen atrapados en un sistema en donde existen el bien absoluto y el mal absoluto, y en una historia cultural de separación que los está matando a todos.

💬 **YA QUE ESTAMOS HABLANDO SOBRE ESTE TEMA, ¿CÓMO ES POSIBLE QUE UN DIOS MISERICORDIOSO PUEDA MARGINAR OTRAS OPINIONES Y SER TAN INTOLERANTE?, ¿POR QUÉ UN DIOS DE PIEDAD INFINITA PUEDE CONDENAR A ALGUIEN?, ¿POR QUÉ CONDENAR DE MANERA PERMANENTE LAS TRANSGRESIONES MOMENTÁNEAS?** (SCOTT, 18 AÑOS, SACRAMENTO, CALIFORNIA)

Scott, yo no margino ni soy intolerante. Creo que estás hablando de un Dios diferente. Tal vez te refieres al Dios sobre el que te han enseñado. Ese Dios es, en gran parte, un producto de su imaginación colectiva.

Además, como lo dije anteriormente, yo no condeno a nadie por nada. Esto se lo he repetido a la raza humana una y otra vez a lo largo de los años y a través de distintos medios.

Muchas de las personas a las que les he entregado esta verdad, también le transmitieron mis palabras al mundo. El Papa Juan Pablo II, entre otros líderes espirituales, lo hizo.

En una audiencia papal en Roma, el 28 de julio de 1999, el Papa declaró: "La condenación eterna nunca es una iniciativa de Dios, es un castigo autoimpuesto por aquellos que eligen rechazar el amor de Dios…"

Esta declaración del Papa es muy precisa. Significa que yo nunca voy a decidir castigarte, pero que tú sí puedes castigarte a ti mismo. Tú puedes crear tu propio infierno.

El autocastigo es simplemente la decisión que tomas de juzgarte, de negar mi existencia y mi presencia y, de esa forma, separarte de mí.

¿EL PAPA DIJO QUE "LA CONDENACIÓN ETERNA NUNCA ES UNA INICIATIVA DE DIOS"?

Sí. Durante ese mismo período de julio de 1999, también hizo otros pronunciamientos muy valiosos sobre el Cielo y el Infierno. Tal vez deberías revisar las reseñas que publicaron los periódicos.

Las reseñas periodísticas difundieron su aseveración de que el Cielo no es un lugar, sino una relación íntima con Dios que se puede experimentar de forma parcial en la Tierra.

La prensa también reportó la declaración que hizo el Papa acerca de que, la idea de que el Cielo es un lugar más allá de la Tierra –en el cielo– surgió del lenguaje metafórico que se usó en la Biblia para señalar un contraste entre el lugar en donde vive la humanidad y el lugar en donde mora Dios. Sin embargo, el Antiguo Testamento deja muy claro que Dios "no puede estar confinado en el Cielo", que Dios escucha las oraciones humanas, interviene en la historia de los hombres y que, "a través de la gracia, los creyentes pueden ascender" ante la presencia de Dios. Así lo dijo el Papa.

Finalmente, en lo que se refiere al Infierno, el Papa Juan Pablo II dijo que la condenación eterna no es un castigo que Dios inflija desde el exterior. También es un estado interno de separación de Dios.

Y luego, Scott, llegó la declaración más sorprendente del Papa: "…existe una posibilidad real, sin embargo, no podemos saber con seguridad… si hay seres humanos o no en el Infierno".

Hasta ahora, ningún Papa ni maestro cristiano de prestigio había siquiera sugerido que pudiera existir algo que no fuera una seguridad absoluta respecto al hecho de que las almas están en el Infierno, el sitio que los mismos maestros han declarado ser el lugar de la "condenación eterna". Ahora bien, de pronto, el líder espiritual de la Iglesia cristiana más grande de tu planeta, declara que, en realidad, él no está seguro de eso.

Hay otras religiones que en tiempos recientes también modificaron sus enseñanzas y suavizaron su retórica oficial sobre el Infierno y la condenación. Estas nuevas declaraciones provenientes de los líderes espirituales del mundo nos ofrecen señales importantes de que la visión que tiene el mundo sobre mí, está cambiando.

Ahora ya pueden dejar de vivir la vida con un constante "temor de Dios" y, en lugar de temerle, pueden comenzar a forjar una amistad con Él. Éste es un cambio importante, no se trata sólo de una variación. Esta noción lo cambia todo.

¿POR QUÉ?

Pues porque al fin podremos tener una relación de amor y no de terror. Lo más emocionante es que cuando dejen de temerme, también podrán dejar de temerse unos a otros. Podrán comenzar a creer la verdad más noble sobre Dios (que yo nunca lastimaría a nadie), la verdad más noble sobre la vida (que es eterna, que lo más importante es el amor, y que hay suficiente de Dios, de la vida y de todo lo demás, para todos), la verdad más noble sobre los seres humanos (que todos ustedes son uno), y la verdad más noble sobre su ser bendito (que su propósito es evolucionar permanentemente y que no puede ser destruido bajo ninguna circunstancia).

Todo lo anterior modifica la manera en que se relacionan conmigo, con ustedes mismos y entre ustedes. Todo esto cambia al mundo.

¿POR QUÉ HAY TANTAS GUERRAS PARA DECIDIR CUÁL ES LA RELIGIÓN CORRECTA Y APROPIADA? (PARK, SEÚL, COREA DEL SUR)

La mayoría de las religiones que tienen en la Tierra considera que sólo hay una forma de creer en Dios, y que su forma de hacerlo es la indicada. Las religiones lo creen así, y lo enseñan con tal fervor, que llegan a convencerse de que, ante mis ojos, son superiores. Estas religiones asumen como real el engaño de superioridad.

Muchas de ellas también hacen creer a sus seguidores que deben convencer a otros de pensar lo que ellas predican, y que, al emprender esa misión, están cumpliendo con una responsabilidad que tienen conmigo.

Finalmente, algunas religiones y sus seguidores creen y enseñan que quienes pertenecen a otras religiones son enemigos y, por tanto, deben ser convertidos, aniquilados o eliminados.

Todos estos pensamientos y creencias han generado justificaciones para la eliminación racial, la intolerancia religiosa y las mal llamadas "guerras santas".

Como ya lo dije antes, estas ideas se produjeron porque las personas han creído en una serie de engaños y se han basado en ellos para construir sus nociones sobre la vida, sus filosofías, sus religiones, sus sistemas políticos y sus sistemas económicos. El engaño de la superioridad también es uno de ellos.

Estos engaños no son reales, sin embargo, los humanos les han inyectado tanto poder, que parecería que sí lo son.

CON RAZÓN EL MUNDO ES ASÍ.

Sí. El mundo opera dentro de un sistema de creencias como el miedo, la carencia y la falsa superioridad. La mayor parte de sus instituciones mundiales –no sólo la religión, también la política, la economía, la educación y todo tipo de instituciones – existe dentro de este paradigma y opera con esta configuración.

Es por eso que hay tantas guerras para decidir quién tiene la religión "apropiada" y "correcta", quién tiene el sistema político apropiado y correcto, la cantidad adecuada y correcta de "recursos" en un planeta en donde los humanos consideran que "no hay suficiente" de nada.

Lo que da origen a la guerra es esa incesante lucha para reunir "todas esas cosas de las cuales no hay suficiente". Por desgracia, los humanos también pusieron el amor de Dios en la lista. En el futuro también podrían incluir el agua.

¿QUÉ?

Debido a la forma en que han vivido, podrían provocar una situación en la que el agua se incluya en la lista de "todas esas cosas de las cuales no hay suficiente". Esta situación ya se está haciendo realidad en muchas partes de su mundo y, por tanto, en el siglo XXI podrían comenzar las que se llamarían: "Guerras por el agua".

¿Recuerdas que a sus mayores conflictos los llamaron Primera Guerra Mundial y Segunda Guerra Mundial?

AJÁ...

Bien, pues tal vez ahora tendrán la Primera Guerra por el Agua y la Segunda Guerra por eAgua. Claro, eso será sólo si su planeta dura lo suficiente. Con la tecnología que tienen en la actualidad, una sola guerra podría acabar con todo.

VAYA, HOMBRE, QUÉ AGRADABLE VISIÓN. MUY BUENA PREDICCIÓN.

Yo dije que "podrían". Todavía pueden evitarlo, de la misma forma en que pueden evitar llegar a la situación en que no tengan suficiente aire limpio, suelo fértil, árboles para crear oxígeno y suficiente oxígeno para proteger a su planeta del calentamiento global.

Ustedes pueden evitar todo esto, aún tienen tiempo. Y además, siguen aquí. Ya llegaron al escenario y tal vez decidan cambiar las cosas. Pero no decidan cambiar la situación sólo modificando las condiciones. Ya saben que deben modificar las condiciones, pero también saben que deben modificar las creencias que les dieron origen. De otra manera, todo volverá a ser como antes tarde o temprano.

💬 ¿POR QUÉ NO TODO MUNDO CREE EN EL MISMO DIOS? (PETER, 17 AÑOS, ZAGREB, CROACIA)

La mayoría de la gente cree en un solo Dios, su Dios. Para esa gente, "su" Dios es el único que existe, y el Dios de todos los demás es falso. Por desgracia, esta idea ha provocado la matanza de mucha gente. Una matanza en el nombre de Dios.

Ahora bien, es natural que las personas tengan el deseo de expresarse a través de medios que les permitan experimentar su individualidad. Es por eso que la gente se viste y se peina de distintas maneras. La gente maneja autos diferentes y viven experiencias de maneras muy variadas.

La cuestión aquí, Peter, es ver si los integrantes de la raza humana pueden encontrar una forma de impedir que sus expresiones personales los separen y los hagan sentir superiores o más dignos.

Considerar que tus expresiones de individualidad –ya sean religiosas, políticas, filosóficas, económicas, sociales o sexuales– son superiores o más dignas que las de otros, puede conducir a un comportamiento enfermizo.

En el libro llamado *Friendship With God* (Amistad con Dios), le brindé a la raza humana un nuevo evangelio que puede sanar al mundo con dos frases:

"Todos somos uno".

"Nuestra manera de hacer las cosas no es la mejor, es sólo una forma más de hacerlas".

Yo desafío a todo sacerdote, ministro, rabino, líder de nación, político, economista y maestro, a ponerse de pie esta semana frente a quienes los escuchan y predicar este evangelio. Lo desafío a pronunciar estas dos frases.

Son dos frases que podrían salvar al mundo y, sin embargo, sus presidentes, primeros ministros, papas, obispos, políticos y maestros, no han podido pronunciarlas jamás.

¿POR QUÉ?

Porque los seres humanos renunciarían a todo a cambio de una sola cosa. Renunciarían a la felicidad, el amor, la alegría, la paz, la prosperidad, el romance, la emoción, la serenidad, a todo, incluso a su propia salud, a cambio de eso.

¿DE QUÉ? ¿A CAMBIO DE QUÉ?

De tener la razón.

💬 **SI SE SUPONE QUE LA RELIGIÓN NO DEBE DECIRNOS CUÁL ES EL CAMINO "CORRECTO" HACIA DIOS, ENTONCES, ¿CUÁL ES SU PAPEL EN LA VIDA? ¿EN VERDAD TIENE UN PAPEL?** (MÓNICA, 17 AÑOS, LONDRES, INGLATERRA)

Como todo lo demás en la vida, la religión desempeña el papel que tú quieras asignarle. Podrías concederle el papel de acercar a la gente a Dios y los demás. He observado que en la actualidad, en la mayor parte de los casos, la religión ha hecho exactamente lo contrario.

De hecho, no hay algo que haya separado más a la gente de Dios que la religión organizada.

A MÍ ME GUSTA ASISTIR A MI IGLESIA. TAMBIÉN CREO EN MI RELIGIÓN. ¿ESTÁS DICIENDO QUE NO DEBERÍA HACERLO?

En lo absoluto. Si una persona cree con todo su corazón y su alma, y si su vida es más plena gracias a sus creencias, yo jamás me atrevería a decirle que renuncie a su religión.

¿ENTONCES QUÉ LE DIRÍAS?

Le diría que continuara viviendo con las respuestas que tiene, pero que nunca deje de cuestionarse. Porque ésa es la verdadera posición que debe tener todo buscador, y además, es el verdadero propósito de toda religión.

He observado que muchos sienten que la religión tiene un enorme valor. Por lo mismo, las religiones siempre tendrán un papel de gran relevancia en la aventura humana. Lo tendrán siempre que continúen abriendo puertas, no cerrándolas.

¿CUÁL ES LA DIFERENCIA ENTRE "RELIGIÓN" Y "ESPIRITUALIDAD"? (THOMAS, 16 AÑOS, QUEENSTOWN, NUEVA ZELANDA)

La primera es una institución y la segunda es una experiencia.

Las religiones son instituciones que se construyen alrededor de una idea particular sobre cómo son las cosas. Cuando esas ideas se endurecen y se tornan de piedra, se convierten en doctrinas prácticamente inmodificables. O crees en ellas o no.

En su forma más libre, la espiritualidad no te exige que creas en algo. En lugar de eso, te invita constantemente a que observes tu experiencia. En la espiritualidad, la autoridad conforma tu experiencia personal, no lo que alguien más dijo.

Si tuvieras que pertenecer a una religión específica para encontrar a Dios, eso significaría que Dios tiene una forma o un medio específico que quiere que uses para acercarte a Él.

¿Y POR QUÉ QUERRÍA DIOS ALGO ASÍ?

La respuesta es: No, yo no quiero eso. La idea de que sólo existe una manera de acercarse o de volver a mí, y que no hay otra forma posible, es resultado del engaño de la exigencia.

Éste es otro de los engaños de los humanos, otro de esos malentendidos de los que hemos hablado y, por supuesto, no tiene nada que ver con la realidad.

Yo no te exijo nada porque no tengo necesidad de recibir algo de ti. ¿Rezar un rosario es mejor que rezar un savitu?, ¿la práctica llamada *bhakti* es más sagrada que la práctica llamada *seder*?

NO, CLARO QUE NO. ¿ENTONCES POR QUÉ LAS RELIGIONES INSISTEN EN QUE SU FORMA ES LA MEJOR MANERA, NO, NO, EN QUE ES LA ÚNICA MANERA DE LLEGAR A TI?

Bien, ya empezamos a darle vueltas a este tema. Comienzo a sentir que estoy repitiendo lo que ya dije.

ESPERA, DÍMELO OTRA VEZ. QUIERO ENTENDERLO.

Para las religiones es muy útil que sus creyentes imaginen esto porque les da una herramienta con la que pueden buscar, adquirir y retener miembros y, por lo tanto, continuar existiendo.

Perpetuarse a sí misma es la función más importante de cualquier organización. A partir del instante en que una organización cumple el propósito para el que fue creada se torna innecesaria. Es por eso que las organizaciones rara vez terminan la tarea para la cual fueron creadas.

Por regla general, las organizaciones no están interesadas en volverse obsoletas. Esto es aplicable tanto a las religiones como a cualquier otra empresa organizada, o tal vez más.

El hecho de que una religión haya permanecido viva durante mucho tiempo, no significa que sea eficaz. Tal vez significa todo lo contrario.

PERO SI NO FUERA POR LA RELIGIÓN, ¿QUIÉN NOS DIRÍA CÓMO LLEGAR AL CIELO? (LAWRENCE, 15 AÑOS, KANSAS CITY)

Para empezar, tú no puedes "ir al Cielo". No hay ningún lugar adónde ir. Sin embargo, si existiera y tú estuvieras buscando "instrucciones" para llegar, la religión podría ser una forma muy confusa de obtenerlas.

Hay muchas religiones sobre la Tierra y cada una tiene una serie de "instrucciones" de cómo llegar al Cielo. Estas instrucciones reflejan la idea más clara de lo que dicha religión cree que "Dios quiere".

Por supuesto, como ya lo dije varias veces, no hay una manera específica en que Dios "quiera" que lo adores. Y, de hecho, ni siquiera necesita "ser adorado".

El ego de Dios no es tan frágil como para necesitar que los humanos se inclinen ante Él con reverencias temerosas o que se arrastren suplicantes para que los considere dignos de recibir sus bendiciones.

¿Qué tipo de Dios sería?

Es una pregunta que te tienes que hacer con mucha honestidad. A ti te han dicho que Dios hizo a los humanos a su imagen y semejanza; sin embargo, ¿no sería posible que las religiones hayan hecho a Dios a la imagen y semejanza de los humanos?

💬 PERO SI TÚ ERES TODO PODEROSO E INMENSO, Y PUEDES HACER MILAGROS, ¿ENTONCES POR QUÉ NO CONVIERTES A LOS NO CREYENTES EN CREYENTES DE TU RELIGIÓN? (JACQUES, 16 AÑOS, PARÍS, FRANCIA)

Sería muy difícil para mí lograr que la gente creyera en "mi religión" porque yo NO TENGO una religión.

Como ya lo dije, a todo mundo le gusta imaginar que tengo una religión y que esa religión es la misma que ellos profesan, pero el milagro que yo creé es mucho más inmenso que el milagro que ustedes quieren atribuirme. El verdadero milagro es que todos van a regresar a mí, sin importar el camino que hayan tomado.

Todos volverán a mí porque no hay ningún otro lugar adónde ir. Yo soy TODO lo que hay. No existe nada más aparte.

Te lo voy a repetir, el Infierno no existe. Existe una experiencia del infierno que representa separarse de mí, sin embargo, tú podrías terminar teniendo esa experiencia en cualquier momento, en esta vida o en la próxima.

Yo soy Alfa y soy Omega, soy el Principio y el Fin, soy el Todo en el Todo. Tú no puedes evitar cumplir tu feliz destino, pero sí puedes posponerlo.

Lo único que hace falta para que aceleres tu viaje es un anhelo sincero y genuino. En ese momento de anhelo, yo estaré ahí. Tú no tienes que "venir a casa" para estar conmigo. En ese momento específico, sabrás que siempre he estado ahí. Así como estoy aquí, en este libro.

💬 ¿CÓMO PODRÍA ALGUIEN NO CREER EN TI, DIOS? (JENNIFER, 19 AÑOS)

Todo mundo goza del libre albedrío, de creer o no en lo que ellos elijan. La mayoría de las creencias de la gente se basa en su experiencia.

Los maestros son gente que vive la vida al revés. Sus creencias no se basan en su experiencia, es su experiencia la que se basa en sus creencias.

Los maestros han puesto todo al revés, o mejor dicho, al derecho.

No hay problema si algunas personas no creen en mí, Jennifer. El no creer en mí no puede hacer que yo no exista. Yo siempre estoy contigo, lo creas o no.

💬 ¿CUÁNDO VOLVERÁS A VENIR? (STEVEN)

Nunca me fui. ¿Qué no te das cuenta? ¡Nunca me fui! Ése es el punto central de todo esto. Todos creen que me fui pero no es así.

Estoy aquí contigo, a tu alrededor y dentro de ti. Cuando lo entiendas, ya no te sentirás solo. Ya no te sentirás abandonado. Ya no tendrás miedo. Y nunca más tendrás que preguntarte si volverás a mí ni cómo lo harás. Yo estoy aquí. Nunca me fui.

¿Y NUNCA ME VAS A ABANDONAR? ¿JAMÁS?

¿Cómo podría Dios abandonarte? Eres demasiado glorioso, demasiado maravilloso, demasiado especial para ser abandonado. Claro, es cierto: eres tan glorioso, tan maravilloso y tan especial, precisamente porque nunca te abandoné.

Somos uno. ¿Acaso no lo crees? Si no lo crees, entonces no has entendido lo que he tratado de mostrarte, todo lo que he tratado de revelarte en el proceso de tu vida. Sí, ese proceso que aún no termina. Y que nunca va a terminar.

Tenemos el "por siempre" para conocer y experimentar la verdad de nuestro "ser uno".

💬 ¿CUÁNDO VENDRÁ TU SIGUIENTE PROFETA Y CÓMO PODRÉ RECO-NOCERLO? (ASHLEY, 17 AÑOS, NEW BEDFORD, MASSACHUSETTS)

Mis profetas llegan a cada minuto de cada hora de todos los días, Ashley. El diccionario define "profeta" como "aquél que pronuncia revelaciones inspiradas por la divinidad" y "aquél que posee el don de una comprensión espiritual y moral más allá de lo común". En el mundo hay miles de personas con estas características, no tienes que esperar que llegue alguien así, sólo tienes que irlos reconociendo conforme van llegando. Tú también tienes la opción de ser una persona así, Ashley.

¿YO? ¿CÓMO PODRÍA? NO, NUNCA SERÍA ALGUIEN ASÍ.

Sí, sí podrías. Éste es uno de los grandes secretos de la vida: tú puedes ser todo aquello que estás esperando. Y tan pronto como decidas serlo, tu espera terminará.

Si esperas que el amor llegue a tu vida, entonces sé el amor que has estado esperando.

Si esperas que la compasión llegue a tu vida, sé la fuente de compasión para todos aquellos cuyas vidas has alcanzado.

Si esperas que la diversión y la risa lleguen a tu vida, entonces llévalos contigo a cada habitación a la que entres.

Eso que estás esperando, llegará cuando llegues tú portándolo.

Siempre recuerda: "Eso que estás esperando, llegará cuando tú llegues portándolo".

Tú ERES eso que estás esperando.

ME GUSTARÍA PODER CREERLO.

Entonces CREÉLO. Porque aquello que crees, es aquello en lo que te conviertes. Mucha gente no lo entiende. Éste mensaje podría cambiar al mundo. Y tú puedes transmitirlo con tan sólo vivir tu vida. De este modo harás a la gente ver hacia sí misma: enseñándole "quién es en realidad".

Esta información será una gran revelación para muchas personas y tú, ciertamente, te convertirás en profeta. No sólo de pensamiento, no sólo de palabra, también de obra.

¿QUÉ SE SIENTE SER TÚ? ¿QUÉ SE SIENTE SER DIOS? (RAYMOND, 14 AÑOS, BOISE, IDAHO)

¡Maravilloso!, ¡se siente maravilloso! Toda la vida del universo pasa a través de mí porque YO SOY la vida en el euniverso, es muy emocionante, es maravilloso en verdad.

¿Cómo se siente ser Yo? Es una sensación de paz. No necesito nada que exista fuera de mí para ser feliz.

Sucede lo mismo contigo.

¿Cómo se siente ser yo? Es una sensación de integridad. Yo, así como soy, soy íntegro, completo y perfecto.

Sucede lo mismo contigo.

¿Cómo se siente ser yo? Es una sensación de seguridad. Nada puede dañarme. Y siempre Seré. Eternamente.

Sucede lo mismo contigo.

¿Cómo se siente ser yo? Es divertido. Puedo crear y crear a cada instante, y puedo experimentar, de inmediato, lo que acabo de crear.

Sucede lo mismo contigo.

Es maravilloso ser Yo. Y es maravilloso ser tú. Porque tú eres quien Yo soy, y Yo soy quien tú eres. Y, ¿podría haber algo más maravilloso que tú? No lo creo.

¿DE DÓNDE VINO DIOS?

De todos los lugares. Vine de todos los lugares. Y, en este momento, estoy en todos los lugares. No hay ni un solo "dónde" en que no esté Yo. Soy todos los "dónde" que existen. Por tanto, no estoy sólo en un lugar en particular.

Así es que, ahí es donde estoy.

En todo lugar. O, si lo desglosamos…

En Todo-Lugar.

¿ME ESCUCHAS? ¿POR QUÉ NO ME ENVÍAS NINGUNA SEÑAL DE QUE ME ESTÁS ESCUCHANDO CUANDO TE REZO? (MYRON, 13 AÑOS)

Pero, Myron, ¡yo sí te envío señales de que te estoy escuchando! Es sólo que no las ves o las ves pero no las crees. Con mucha frecuencia, sólo las dejas pasar.

A veces, cuando rezas, tu corazón late con más velocidad. A veces te embarga una paz enorme.

A veces sientes que quieres llorar de alegría. A veces experimentas una repentina sensación de ser "uno" con todo y con todos.

A veces experimentas una comprensión muy profunda, una conciencia interior o un perdón absoluto por ti mismo. Todas estas sensaciones y muchas otras, son las señales que yo te envío.

A veces no sentirás nada, no habrá experiencia. Sin embargo, esa situación también será una señal. Es lo que podrías llamar el vacío. Y de hecho, ahí, en el vacío también moro yo.

Toda la sabiduría y la sanación provendrán de el vacío. También de ahí provengo yo, ahí es a donde siempre volveré. Y, si se lo permites, ahí es a donde tu mente puede ir también.

¿Por qué querrías ir al vacío? Porque ahí es en donde puedes encontrar paz. Donde puedes encontrar sabiduría. Donde me puedes encontrar a mí, esperando por ti.

El vacío es el lugar en donde desaparecen todos los pensamientos, temores, penas, angustias; toda la aprensión y la incomprensión.

Hay muchos senderos que te pueden llevar ahí.

Puedes dar un paseo solo, puedes ir en bicicleta o en moto. Puedes escuchar tus discos, flotar en una balsa inflable.

Algunas personas usan la meditación o la oración.

Así que no eludas el vacío. Aprende a amar la nada porque es el espacio interior de la divinidad que yace dentro de ti.

Es natural temerle al vacío porque no se siente nada. Es decir, nada en absoluto. Pero no tengas miedo porqué ahí es en donde puedes encontrar a tu verdadero ser.

Porque no eres sólo una cosa. Porque no eres una cosa.

Todo lo que piensas que eres, no lo eres. Las "cosas" de la vida que crees ser, son sólo herramientas que te permiten experimentar quien en realidad eres. Y al usar estas herramientas, lo primero que descubrirás es que tú no eres ellas, que sólo las usas.

Esto cambiará todo en tu vida.

¿CÓMO? TE ESCUCHO PERO NO PUEDO ENTENDERTE.

Tú no eres tu cuerpo. Tu cuerpo es algo que tienes, no algo que eres. Y no es indestructible. Tú sí lo eres, pero tu cuerpo, no.

La mayoría de la gente tiene esa sensación de indestructibilidad, en particular, los jóvenes, los adolescentes. Sienten que no hay nada que no puedan hacer. ¡Y es verdad! Pero sólo es verdad en relación a su ser espiritual, no a su ser físico.

Cuando logres entender lo anterior, comenzarás a cuidar de tu cuerpo mejor. Comprenderás que es algo que, como todo lo demás en la vida, te fue otorgado para usarse temporalmente. Es un regalo, pero no eres tú. Es un regalo para ti. Tienes que comenzar a tratarlo como tal.

También comenzarás a sentirte de la misma forma respecto a las relaciones. Verás a la gente de tu vida como un regalo (que es precisamente lo que es) que te fue enviado para ayudarte a recrear, a cada momento, al Ser Divino que decides experimentar como tu propio Ser.

Finalmente, también verás con lucidez los bienes físicos de tu vida. Comenzarás a entender que, en realidad, no "posees" nada, que sólo eres el cuidador temporal de algunas "cosas". Si las cuidas, podrás disfrutarlas profundamente y experimentar esa parte de tu ser a la que le llamas, gozo.

No obstante, vendrá un momento en el que las dejarás partir con facilidad porque sabes que "de ahí de donde las obtuviste, saldrá mucho más", y que tú no eres esas cosas.

Tú no eres ese dinero, ese empleo, ese auto, esa hermosa casa en el bosque; no eres ninguna de las cosas que has acumulado. Eso es "eso" y tú eres "tú". Y tú vas a ser "tú", con "eso" o sin "eso".

He aquí un gran despertar. Estás empezando a vivir tu vida de una forma distinta. Abandonas ese enorme esfuerzo por acumular más y más de "eso", y comienzas tu búsqueda espiritual para experimentar más y más de "ti". Más y más de quien en realidad eres.

● YA LEÍ LOS LIBROS DE *CONVERSACIONES CON DIOS*, Y AHÍ APARECE CON MUCHA FRECUENCIA LA FRASE "QUIEN EN REALIDAD ERES", PERO, ¿QUIÉN SOY, EN REALIDAD? (SAYAKA, 18 AÑOS, TOKYO, JAPÓN)

Quien en realidad eres es un ser sagrado. No eres una "cosa" y tampoco eres alguna de las "cosas" que tienes. Eres un ser espiritual y, precisamente, al experimentar tu "ser", encontrarás más alegría.

En una palabra, el ser que eres es amor. Tú eres lo que es el amor. Por eso, cuando lo estás "siendo", te sientes más feliz que nunca.

Y es por eso que, cuando no te lo permiten ser o tú no te lo permites ser, te sientes más triste que nunca.

Y nada más importará. No importará lo que hagas, lo que tengas ni lo que seas "en el mundo". Nada de eso importará.

Por supuesto, el amor es un sinónimo de Dios. Las dos palabras son intercambiables. Eso significa que quien en realidad eres, es Yo. Eres un aspecto de la divinidad experimentándote en tu ser.

¿POR QUÉ NO LO SIENTO ASÍ? ¿POR QUÉ A VECES EXPERIMENTO ESTA FUERTE SENSACIÓN DE QUE VOY VAGABUNDEANDO POR LA VIDA Y QUE NO SOY FELIZ?

Porque se te olvidó que ya sabías quién eres en realidad, y se te olvidó lo que estás haciendo aquí. Tal vez piensas que eres tus "cosas" y que, cuando no tienes esas "cosas", no puedes ser feliz.

Tal vez crees que eres tu escuela, tu empleo, tus amigos, tu dinero, tu auto o tu apariencia –la manera en que luce tu cuerpo–, y que si esas "cosas" te fueran arrebatadas, desaparecerías.

Éste es el momento de tu vida en el que estás luchando por darle forma a tu identidad y, si no tienes cuidado, te podrías identificar con esas "cosas" en lugar de identificarte con tu "verdadero ser".

Tal vez piensas que eres el color de tu cabello, las prendas que usas o las que no usas, el coche que manejas, el grupo de amigos con los que te juntas, y que todas estas "cosas" son una declaración de quien en realidad eres.

Pero, si piensas eso, no será sorprendente que te sientas infeliz porque ninguna de esas cosas materiales sirven para mostrar y experimentar tu verdadero ser y, tú viniste al mundo a hacer precisamente eso: a mostrar y experimentar tu verdadero ser.

Esos objetos pueden ser símbolos de tu rebeldía juvenil, pero no son símbolos de la genuina revelación de lo más íntimo de ti.

El chiste es divertirse con todas esas cosas, no confundirlas con quien eres, sólo divertirse con ellas. Por otra parte, debes recordar que no es divertido lastimarte o dañarte a ti mismo. No es divertido ocultar quien eres en realidad detrás de una máscara de indiferencia o ira, detrás de una fachada de hostilidad y desapego.

Si te sientes frustrado respecto a la vida y a "como son las cosas", entonces elige expresar tu frustración de maneras positivas que puedan ayudar a otros a cambiar sus sistemas de creencias. De esa forma, las condiciones que te abruman desaparecerán en algún momento.

Trata de no condenar ni juzgar a la gente ni a las circunstancias que inundan el escenario de la vida. En lugar de eso, escribe una nueva obra de teatro y conviértete en el director y el protagonista.

11

El éxito

SIENTO QUE DEBO SER EXITOSO EN TODO, Y PARECE QUE MIS PADRES ASÍ LO DESEAN CON DESESPERACIÓN. PERO, ¿QUÉ ES EL "ÉXITO"? (SAM, 15 AÑOS, PALM SPRINGS, CALIFORNIA)

Sam, acabas de hacer la pregunta del siglo y sólo tú puedes responderla. Y esto, por sí mismo, ya es una gran revelación: "Sólo tú puedes responder la pregunta, Sam, así que no permitas que ninguna otra persona lo haga por ti".

Gran parte de tu mundo opera dentro de lo que podría llamarse, el "Sistema de las tres P". En este sistema, se ha llegado al acuerdo de que los mayores indicadores del éxito son la Productividad, la Popularidad y la Posesión.

En este sistema, la persona que tiene más cosas, que causa envida entre más gente, que posee la mayor cantidad de bienes, es la que gana. ¿Conoces esa frase de juego que dice: "El que se muera teniendo más juguetes, gana"? Bien, pues para muchos seres de tu especie, no se trata sólo de un juego.

¿Tú defines el éxito con base en la productividad, la popularidad y la posesión?

NO LO SÉ. A VECES PARECE QUE ASÍ DEBERÍA SER, PARECE QUE ESO ES LO QUE QUIERE EL MUNDO. TAMBIÉN MIS PADRES PARECEN QUERER ESO.

Si tú eliges estos indicadores, tal vez tendrás que pasar tu vida intentando hacer y tener más y más.

El dinero será muy importante para ti porque será un indicador de la cantidad de productividad alcances, de cuántas posesiones puedas adquirir y, también en buena medida, de cuánta popularidad logres.

Debes saber que este sistema puede conducir a interminables y absurdas competencias. No sólo contra otros, también contra ti mismo. Tal vez llegues a sentir que tienes que mostrar un incremento en la productividad para poder ser considerado valioso.

Si sacas un siete en la escuela, te presionarán para que subas a ocho. Si sacas ocho, alguien querrá que saques diez. Si sacas dos dieces, te presionarán para sacar cuatro dieces. Nunca acaba, nunca se detiene, siempre hay presión para obtener más y más y más.

(Algunos padres incluso premian a sus hijos con más posesiones cuando producen más y más dieces y, de esta forma, fortalecen el vínculo entre producción, posesiones y "éxito".)

Este énfasis en la productividad, es decir, en lo que haces, no en lo que eres, puede generar una gran cantidad de estrés en los individuos y en las organizaciones, así como en los recursos empleados.

Parece que eso no le ha interesado a muchas compañías ni a mucha gente hasta el momento.

Eso es porque han hecho que el mundo sea sólo una versión moderna de lo que sus ancestros hicieron en el pasado. Si tú continúas por ese sendero, para medir el éxito en tu vida, terminarás optando por la cantidad en lugar de la calidad. Y es esa decisión la que le dará sentido a tu vida.

BUENO, NO ME INTERESA MUCHO CUÁNTO "PRODUZCO", PERO SÍ ME GUSTA CAERLE BIEN A LA GENTE.

Si imaginas que la definición del éxito es la popularidad, pasarás tu vida buscando la aprobación de los otros. No te importará el hecho de que puedas perder tu ser y tu individualidad en ese proceso. Lo que quede de ti será "popular", y esa limitada parte de tu ser habrá alcanzado aquello a lo que decidiste llamar "éxito".

(Algunos políticos entran en esta categoría, también algunos artistas, quienes, para crear y mantener a su público, abandonan sus opiniones verdaderas respecto a las cosas, su arte genuino.)

¿ENTONCES NO ES CORRECTO DESEAR, AUNQUE SEA, UNAS CUANTAS COSAS BONITAS?

Desear objetos es un aspecto normal y saludable de la vida. Sin embargo, si llegas a creer que las posesiones son lo que definen el éxito, querrás adquirir la mayor cantidad posible de "cosas buenas" en la vida: la casa más grande, el auto más apantallante, los mejores asientos en el estadio, y, claro, querrás asegurarte de que los demás se enteren de que lo hiciste.

Ignorarás el viejo adagio que dice : "Las mejores cosas de la vida son gratis", trabajarás duro toda tu vida para tener suficiente dinero y adquirir todos esos titilantes bienes materiales, y entonces, dirás que tu vida ha sido todo un "éxito".

NO ME IDENTIFICO CON ESO, NO ME IDENTIFICO EN LO ABSOLUTO.

Pues bien, Sam, entonces puedes decidir que hay otros indicadores para medir el éxito.

¿COMO CUÁLES?

¡Como hacer algo que te haga inmensamente feliz! Algo en lo que te puedas perder por horas. Algo que harías a cambio de nada, sin preocuparte cuánto te van a pagar. Es como decir "Sólo denme la oportunidad de hacerlo".

¡S!!!!!!!! ¡CON ESO SÍ ME IDENTIFICO!

Entonces, ¿por qué no definir el éxito como "algo que amas hacer"?

MI PADRE DIRÍA "NO PUEDES GANARTE LA VIDA HACIENDO ESO".

Bien, pues yo te invito a ser uno de los valientes. Uno de los que han elegido ganar su vida en lugar de ganarse la vida.

¡GUAU!

Sí, guau. Y así es como el éxito debería sentirse, el éxito debería sentirse como "guau".

Tendrías que poder decir: "¡Guau, ése soy yo!"

¿PERO QUÉ PASA CON LO MÍNIMO NECESARIO? ¿QUÉ NO TENGO QUE ENCONTRAR LA MANERA DE OBTENER ALGUNA GANANCIA?

¿Recuerdas lo que dije anteriormente? Una recompensa puede tener varias formas.

Escucha: también puedes seguir adelante y hacer que las Tres P se conviertan en tu indicador del éxito. Sin embargo, antes tienes que verificar si eso le ha servido a alguien en tu mundo.

¿Tu especie ha recibido beneficios con este sistema?

NO, Y NO CREO QUE NADIE OPINE QUE SÍ.

En el mundo hay muy poca gente que, individualmente, acepte estos indicadores como la mejor opción. Sin embargo, casi toda la gente lo ha admitido colectivamente. O por lo menos, ha coincidido en que sí es la mejor opción.

¿POR QUÉ LO HACEN? ¿POR QUÉ COLECTIVAMENTE ESTÁN DE ACUERDO EN COSAS QUE NO ACEPTAN EN LO INDIVIDUAL?

Es lo que se conoce como "mentalidad de rebaño". Es más fácil seguir al rebaño que moverse en la dirección opuesta. El hecho de que el rebaño se dirija al barranco es irrelevante por completo y, a veces, muchos ni siquiera lo notan.

¿PODEMOS DETENER LA ESTAMPIDA?

Sí, de hecho, tú mismo puedes. Es por eso que al principio se dijo que este libro se había escrito para acabar con la desesperanza.

Lo primero que pueden hacer es redefinirse como individuos. Lo segundo es redefinirse como sociedad. Y lo tercero que podrían hacer es redefinir el "éxito".

Tú le puedes dar un nuevo propósito a la vida.

¡ESO ES LO QUE QUIERO HACER! QUIERO ENCONTRAR UN NUEVO PROPÓSITO EN LA VIDA. QUIERO CREAR UNA NUEVA DEFINICIÓN DE "ÉXITO".

Ya otras personas de tu mundo lo han hecho. Tú también puedes. Y si un número suficiente de ustedes lo hace, podrían poner al "sistema" de cabeza.

¿Y ESO ES LO QUE QUIERES QUE HAGAMOS?

Yo no quiero que ustedes hagan algo. No tengo ninguna preferencia al respecto. Tu idea de que Dios tiene algo que quiere hagas, es lo que ha metido a tu especie en tantos problemas.

Yo no exijo cosas, yo sólo hago observaciones. Siempre recuerda: "Dios no exige cosas. Dios hace observaciones".

Creé la vida como un proceso en el que tú puedes hacer y experimentar lo que tú decidas. De eso se trata el libre albedrío. Con todo lo que decidas ser, hacer y tener, estarás definiendo quién eres en realidad. Porque eso es lo que haces a cada momento.

Ya te lo he dicho una y otra vez, y lo seguiré repitiendo con frecuencia para que siempre lo recuerdes y, así, recuerdes quién eres en realidad.

Ahora bien, es tu decisión "poner de cabeza al sistema" y cambiar tu vida también. Hay formas en que puedes hacerlo. [1]

---

[1]. *Spirit Matters* es un maravilloso libro que describe con dinamismo lo que podemos hacer aquí, ahora, para permitir que la sociedad cree en conjunto el "sentido de la vida", de tal forma que sea lo

Una de las formas de lograrlo es cambiar de opinión respecto a lo que es el "éxito". Redefine el "significado de la vida". Decide que el propósito de la vida no tiene nada que ver con las Tres P. Vive tu vida de acuerdo con los conceptos centrales del "vivir integral":

1. Conciencia
2. Honestidad
3. Responsabilidad

¿A QUÉ TE REFIERES CON EL "VIVIR INTEGRAL"?

Me refiero a vivir como un ser íntegro. El vivir integral es el de una persona entera, es vincular el cuerpo, la mente y el espíritu. Es vincular el antes, el ahora y el después.

Es ser auténticamente y por completo todo lo que deseas ser en este momento, ahora. Es estar consciente de lo que estás eligiendo ser, es ser honesto al respecto y es ser responsable por ello.

Vivir de esta forma es una definición distinta de "éxito". Es muy curioso que, con mucha frecuencia, la gente que vive de esta forma, también llega a alcanza alcanzar gran productividad y popularidad, y a tener posesiones. Sin embargo, no lo logran sólo porque era lo que trataban de hacer. Sucede de forma automática. Es un resultado adicional –no el resultado que se busca– de un proceso que se llama "tu vida, siendo vivida".

---

más parecido posible a lo que la juventud quiere que sea. El autor de *Spirit Matters*, Michael Lerner, dice que deberíamos señalar "parámetros" totalmente distintos en nuestro mundo. Configurar una serie de valores personales y corporativos que redefinan el éxito y lo que significa ser humano. Su libro ofrece algunas de las declaraciones más importantes y emocionantes sobre el tema. Está repleto de ideas innovadoras y atrevidas. Me gustaría que un montón de ustedes lo leyera, en particular, quienes se encuentran decidiendo qué carrera o empleo tomarán en esta nueva etapa de su vida, en su entrada al mundo de los adultos. Ustedes pueden cambiar ese mundo, en serio, de verdad pueden hacerlo, pero sólo si están dispuestos a convertirse en hacedores del cambio. Este libro ofrece una enorme cantidad de ideas fascinantes y "políticamente incorrectas" para poder efectuar el cambio.

12

El amor

💬 MI NOVIA SIEMPRE DICE QUE ME AMA, PERO YO TODAVÍA NO SIENTO LO MISMO POR ELLA Y NO SÉ POR QUÉ. ¿CÓMO SABRÉ CUANDO LLEGUE EL MOMENTO ADECUADO PARA DECIR "TE AMO"? (PAUL, 18 AÑOS)

Paul, nunca hay un mal momento para decir "te amo" y tampoco hay una persona a quien sería equivocado decírselo.

Dentro de un instante ahondaremos en el tema. Pero ahora, permíteme responder a tu pregunta de forma más directa. Cuando tu corazón es el que habla, no tu cerebro, entonces es el momento "correcto" para decir "te amo". Cuando no tienes dudas de ninguna especie. Cuando estás completamente desvinculado de tus pensamientos y cuando estás imbuido en tus sentimientos.

Siempre recuerda: "Solamente dile 'te amo' a alguien más, cuando estés completamente enloquecido".

¡JA! ESO ESTUVO BUENO.

De hecho, lo digo muy en serio. Si todavía tienes que pensarlo, entonces ni lo menciones. Pero ama, ama a todo mundo. Ama en silencio, en el silencio de tu corazón. Permite que todo el mundo sienta ese amor. Al darle tu amor a todos, muy pronto descubrirás ese deseo de expresarlo de forma particular con ciertas personas, basándote en tus sentimientos. Experimentarás tres expresiones en particular que van a definir tus relaciones. Tu especie las ha llamado "eros", "phileo" y "ágape". De una forma más relajada, en estos días se les define con el amor romántico, el amor fraternal y el amor universal para Dios y para toda la humanidad.

Estos tres "tipos" de amor no tienen nada que ver con distintas "cantidades", sino distintas "variedades". Estas distintas variedades producen sentimientos diferentes y, por ende, distinta formas de demostrar el amor.

El amor se puede brindar en la misma cantidad a todo mundo, se puede sentir con la misma fuerza por un hermano, un cónyuge o por toda la humanidad. No es una cuestión de fuerza o cantidad, sino de sentimientos y expresiones.

¿QUÉ ES EL AMOR EN REALIDAD?

Sus poetas y filósofos han tratado de definirlo durante siglos. Se han acercado mucho a la verdad cuando dicen que el amor es trascender la experiencia de la dualidad.

Es una experiencia de unicidad, de unidad, una experiencia en donde ninguna dualidad se convierte en engaño y en donde la idea de ser uno se hace realidad.

Es la realidad más importante. Es la forma en que las cosas son en realidad. Ustedes no están divididos y nunca lo han estado: el amor es la necesidad humana de demostrarlo y de experimentarlo.

Podrás saber que estás experimentando el amor, tanto por ti como por otros, cuando logres ver que lo que es benéfico para todas las personas, en realidad las convierte en uno solo.

GRACIAS, LO QUE ACABAS DE DECIR ES MUY INSPIRADOR. PERO TODAVÍA QUIERO SABER SI LO QUE SIENTO POR MI NOVIA ES AMOR O ES SÓLO DESEO. ¿CÓMO PUEDO IDENTIFICAR SI SÓLO QUIERO SEXO O SI QUIERO ALGO MÁS?

Cuando dices "sólo sexo", haces que suene como si no fuera suficiente, como si fuera algo "malo". Y ése es exactamente el rancio punto de vista del que ya te hablé: que tener sexo "sólo por tener sexo" es muy malo, no es correcto. Te sientes avergonzado por tener estos deseos y eso te ha dañado a profundidad. Porque fue precisamente esta visión la que dio origen a mucha de la frustración y la culpa que se vincula con el sexo. Tienes que entender que es un deseo natural que yo mismo he dejado en ti.

OKEY, ¿PERO ENTONCES CÓMO PUEDO SABER SI CON MI NOVIA SIENTO UNA COSA O LA OTRA? ¿SI ES DESEO O AMOR?

Analiza los motivos por los cuales quieres estar con ella. Si casi siempre que están juntos, sólo piensas en tener sexo, entonces reflexiona sobre esa situación. No asumas que esas sensaciones son "malas", sólo acepta que eso es lo que sientes. Que ahí es el lugar en donde te encuentras.

La energía sexual y la química sexual pueden incrementarse fuertemente durante la adolescencia. Eso también es algo natural. No significa que lo único que quieres tener con una persona es sexo, quiere decir que eres lo suficientemente maduro para analizar tus sentimientos más allá, y para ahondar bien en lo que significará decir "te amo".

¿ENTONCES QUÉ SIGNIFICA LA ORACIÓN "TE AMO"?

Lo que la gente ha decidido que significa esta oración en muchos casos difiere de lo que en verdad significa. Por eso es comprensible que te sientas confundido y que desees saber cuándo es apropiado decirla.

Gran parte de la raza humana ha decidido que "te amo" significa "soy tuyo, te pertenezco" o "soy tu dueño". Y eso muy pronto se traduce a "ahora te debo algo y tú me debes algo a mí. Es mi misión hacerte feliz y tú tienes que hacer lo mismo por mí".

Pero eso no es lo que significa "te amo", es lo que mucha gente quiere, necesita e insiste en que signifique. Es por ello que muchas personas quieren escucharlo y, por lo mismo, a muchas otras les cuesta trabajo decirlo. Y es también por eso que a la inmensa mayoría le es casi imposible cumplirlo.

SI "TE AMO" NO SIGNIFICA ESO, ¿ENTONCES QUÉ SIGNIFICA?

"Te amo" significa: "el Dios en mí ve al Dios en ti".

YA HABÍA ESCUCHADO ESO. ¿QUÉ, NO ES LO MISMO QUE SIGNIFICA LA PALABRA NAMASTE?

Precisamente. Es otra forma de decir "te amo".

PERO NOSOTROS PENSAMOS QUE "TE AMO" SIGNIFICA: ESTOY LISTO PARA MÁS, PARA DAR UN PASO AL SIGUIENTE NIVEL DE NUESTRA RELACIÓN; TE VEO DE UNA FORMA DISTINTA A LA QUE VEO A TODOS LOS DEMÁS. SIGNIFICA "ERES ESPECIAL PARA MÍ", Y "NO HAY NADIE MÁS COMO TÚ", O POR LO MENOS, NO HAY NADIE MÁS COMO TÚ, PARA MÍ.

También puede significar eso, dependiendo del tipo de sentimiento que estás experimentando. Recuerda que con el amor lo que sientes y la manera en que lo expreses, variarán mucho de relación a relación. No obstante, los distintos tipos de sentimientos no se deben confundir con los distintos niveles de sentimientos.

Esa idea de que ves a alguien de distinta manera es lo que ha provocado muchas de las dificultades de la vida. Es así porque lo que los humanos parecen decir es que aman a una persona más que a otra, cuando lo que su alma en verdad quiere decir es que ama a una persona de forma distinta de la que ama a otra. Ambas formas son dos cosas diferentes.

En realidad, fuiste creado con la capacidad de ver a todas las personas a través de los ojos del amor.

ESPERA UN MOMENTO. ¿QUIERES DECIR QUE SE SUPONE QUE DEBEMOS AMAR A TODO MUNDO?

No se "supone" que tengas que hacer nada. ¿Quién supondría? ¿Quién da las órdenes? ¿Quién está exigiendo? La respuesta es NADIE.

Entonces no se trata de lo que se "supone" que debes hacer, sino de lo que eres capaz de hacer.

Tú eres perfectamente capaz de amar a todo mundo por igual. No de la misma forma, pero sí en la misma cantidad. Y aquí te presento uno de los grandes secretos del amor. Siempre recuerda que "El amor no se puede contar".

El amor no es algo que puedas repartir en distintas cantidades. No puedes amar "un poquito" a alguien y amar a alguien más "muchísimo". O amas a alguien o no.

Voy a insistir una vez más en que la forma en que experimentas tu amor por los otros es un asunto distinto por completo. Así como la manera en que demuestres el amor que sientes será un reflejo de tus sentimientos. Pero el amor en sí mismo no se puede contar.

La mayor parte de los seres humanos imagina que sí se puede contar y, de hecho, que se debe hacerlo. Ése es otro terrible malentendido.

¿NO DEBO AMAR A MI MAMÁ MÁS DE LO QUE AMO A UN EXTRAÑO QUE VIVE EN EL TÍBET? ¿NO DEBO AMAR A MI NOVIA MÁS DE LO QUE AMO A LAS OTRAS CHICAS DE LA ESCUELA?

No es cuestión de "debería" o "no debería". Trata de no entrar en este juego de "debería", y también evita que otras personas te obliguen a hacerlo.

En realidad es cuestión de saber quién eres en verdad y saber quiénes son los demás.

Tú ERES el amor. Eso es quien eres y es lo que eres. Es la energía con la que estás hecho. Es la energía que te mantiene completo. (Es tal vez por eso que, cuando sientes que no se te permite amar, comienzas a "desmoronarte".)

Tú eres la energía de la vida misma y esa energía es Dios hecho realidad. El amor es un sinónimo de este proceso.

Las palabras Dios, vida y amor, son intercambiables. Tú eres Dios, Dios es vida, vida es amor, amor es Dios, Dios es vida… y así. Es un círculo infinito y siempre es igual.

¿ENTONCES ESO SIGNIFICA QUE DEBO AMAR A TODAS LAS CHICAS DE LA ESCUELA EN LA MISMA FORMA QUE AMO A MI NOVIA?

No significa que "debas", sino que puedes hacerlo.

ESO NO LE GUSTARÍA NADA A MI NOVIA.

Tengo que recordarte nuevamente que no quise decir "de la misma forma" ni "con el mismo sentimiento". Dije "en la misma cantidad".

La vida entera es una vibración, eso es todo. Tú eres todo vibración y puedes estar en armonía o estar en sincronía con otra vibración.

Estar en armonía significa que tus vibraciones se mezclan con las de otro. Las vibraciones ocurren al mismo tiempo pero de diferente forma. Están armonizados.

Estar en sincronía significa que tus vibraciones y las de otro suceden al mismo tiempo y de la misma forma. Están sincronizados.

Es una manera muy metafísica de decir que puedes tener distintos sentimientos de amor para distintas personas, e incluso que puedes tener distintos sentimientos de amor con la misma persona, en momentos diferentes.

Esto explica a lo que se refiere la gente cuando dice que ama más a una persona que a otra. Lo que en realidad sucede es que están amando a las personas de forma distinta porque la "vibra" es diferente.

YA ENTIENDO.

Cuando eres por completo quien en realidad eres, te das cuenta de que amas a todo mundo por igual. No amas a una persona "más" que a otra. Es sólo que muestras tu amor de formas distintas.

Cuando los padres tienen varios hijos, esto es lo que debería suceder. No pueden amar a un hijo más que a otro, los aman por igual. Así son los abuelos con sus nietos. Así es Dios con todos. A esto se le llama "amor incondicional".

El amor por definición es, en realidad, incondicional. Cualquier otra cosa, ya no es amor, es sólo un interés individualizado por el ser. El amor tiene que ser un interés unificado por el ser.

El amor es la experiencia del ser cuando ve a todos los demás como parte de sí mismo. Es cuando ves a todos los demás como parte de ti. Es la expresión de la unidad.

¿CÓMO PUEDO FINGIR QUE NO HAY DIFERENCIA ENTRE MI MADRE Y OTRA PERSONA CUANDO, EN REALIDAD, SÍ LA HAY?

Nadie ha dicho que no haya diferencia entre tú y otra persona. Lo que se dijo fue que no hay separación.

Tu dedo meñique es distinto a tu pulgar, sin embargo, no hay separación. Ambos son parte de lo mismo, de tu mano. Y, a su vez, tu mano es parte de una entidad mayor a la que llamas tu cuerpo.

De la misma forma, los humanos son partes, miembros de mi cuerpo. Para tener la experiencia de ser Dios otra vez, lo único que tienen que hacer ¡es recordar ¡quiénes son! Es decir, volver a ser miembros del cuerpo de Dios.

Por tanto, elegir no ser toda la gente, es elegir no amar a una parte de ti.

TODO ESTO ES MUY INTERESANTE DESDE EL PUNTO DE VISTA FILOSÓFICO, PERO, ¿QUÉ TIENE QUE VER CONMIGO Y CON MI NOVIA?

Ama a toda la gente tanto como amas a tu novia y verás cómo cambia tu vida.

Demuestra tu amor humano de distintas maneras, pero ama a todas las personas con la misma cantidad de amor. Así cambiarás al mundo.

Eso fue lo que hizo Dios. Eso fue lo que hizo Buda. Eso es lo que hizo Krishna. Eso es lo que hizo Mahoma.

SÍ, BUENO, PERO YO NO SOY UN DIOS...

De hecho sí lo eres. Es lo que te he estado diciendo. Incluso aquellas personas a las que consideras "gente ordinaria" lo han hecho. Es lo que hizo la madre Teresa. Es lo que hizo Gandhi. Es lo que hizo Martin Luther King.

TAMPOCO SOY UN SANTO.

Tú eres lo que dices que eres. Si dices que no eres un santo, entonces no lo eres, según tú. Según yo sí lo eres porque yo sólo creé santos.

¿ENTONCES ESO SIGNIFICA QUE YA LE PUEDO DECIR "TE AMO" A MI NOVIA?

Recuerda los tres conceptos centrales del vivir integral que mencioné anteriormente:

1. Conciencia.
2. Honestidad.
3. Responsabilidad.

Si vives con conciencia, no sólo estarás muy consciente de lo que TÚ quieres transmitir cuando dices "te amo". También te concientizarás sobre el significado que la mayor parte de la raza humana le atribuye a esa frase. Si lo que tú quieres transmitir no coincide con lo que LOS DEMÁS creen que la frase significa, entonces deberás preguntarte si tiene sentido decirla.

Recuerda lo siguiente: cuando dices algo, la mayor parte de las personas asume que te refieres a lo que ELLAS piensan que significa.

Rara vez te estarás refiriendo a lo mismo que los demás creen. Es muy importante que lo tomes en cuenta.

Mucha gente ya lo sabe. Estas personas les permiten a otros creer lo que quieran sobre lo que se dijo. Lo hacen a pesar de que saben que los demás tendrán falsas expectativas. A este proceso se le llama "manipulación".

Cuando tú deliberadamente permites que otra persona se forme una idea errónea respecto a algo que dijiste, estás mintiendo de cierta forma. Mucha gente considera que ésa es una de las peores caras de la mentira porque no dices falsedades, sólo permites que alguien más llegue a conclusiones equivocadas.

Es algo que no puedes hacer si te quieres manejar con honestidad. No puedes decir algo que sabes bien que la otra persona va a malinterpretar. Por tanto, si puedes con toda honestidad decirle a tu novia "te amo" y que esa frase signifique lo que piensas que ella pensará que significa, entonces, claro, díselo. Si no puedes, entonces mejor guarda silencio.

¿Cómo puedo saber lo que alguien más piensa?

Podrías preguntarle y también podrías tratar de decirle "te amo" y explicarle con toda honestidad lo que eso significa para ti. Aclara las diferencias que puedan existir entre las diferencias de ambos, si es que las hay.

La Biblia dice que debes amar a tus enemigos. ¿Cómo puede una persona ordinaria hacer eso? O sea, supongo que

ENTIENDO CÓMO LO PUEDEN HACER LOS SANTOS, PERO, ¿CÓMO PUEDE UNA CHICA NORMAL COMO YO HACERLO? (MARÍA, 14 AÑOS, MADRID, ESPAÑA)

El primer paso para llegar a un lugar de amor para todos –incluyendo a tus "enemigos"– es llegar a un espacio de amor para ti misma. No puedes brindarle a otro lo que no te puedes brindar tú misma.

Si no te amas incondicionalmente, no puedes amar a otro incondicionalmente.

Siempre recuerda que "no puedes brindarle a alguien más lo que tú mismo no tienes". Por lo tanto, ama, ama, ama tu propio ser. Contempla la perfección de tu propio ser, así, tal como eres. Así es como Dios te ve.

Para que Dios te ame no tienes que perder peso, cambiar tu estilo de vida, mejorar tus hábitos, sacar mejores calificaciones, ni nada de eso. Lo creas o no, eres adorable justo así como ya eres.

Siempre recuerda que "eres adorable justo así como ya eres".

Saber esto cambiará tu vida.

Creerlo, cambiará la vida de los demás.

Es así porque te conviertes en lo que crees y, cuando te conviertes en una persona que ama a su propio ser, entonces emerge, al fin, tu ser: la herramienta con la que puedes amar a todos los demás. Y eso, cambiará al mundo.

¿QUIÉN QUIERE CAMBIAR AL MUNDO? YO SÓLO ME ESFUERZO POR LLEGAR BIEN AL FIN DE SEMANA PRÓXIMO.

Es posible hacer ambas cosas al mismo tiempo.

¿CÓMO ME PUEDO AMAR SI VEO TANTAS COSAS DE MÍ QUE ME DESAGRADAN? (NICOLE, MONTREAL, CANADÁ)

Considera la posibilidad que todas las cosas que te desagradan son, en realidad, la mejor parte de ti.

¿MIS FALTAS SON LO MEJOR DE MÍ?

Sí. Son los mejores rasgos de tu carácter. Pero posiblemente tienen "el volumen muy alto".

NO ENTIENDO.

Ese atributo tuyo que los demás llaman "espontaneidad" es el mismo atributo que, cuando el volumen está muy alto, los demás llaman "irresponsabilidad".

Ese atributo tuyo que los demás llaman "valentía" es el mismo atributo que, cuando el volumen está muy alto, los demás llaman "imprudencia".

Ese atributo tuyo que los demás llaman "confianza" es el mismo atributo que, cuando el volumen está muy alto, los demás llaman "arrogancia".

Todos tus mal llamados "peores defectos" no son más que tus mayores cualidades, sólo que tienen el volumen demasiado alto y no te permiten disfrutar la música.

Esos atributos que hacen que la gente se enamore de ti son los mismos atributos que la hacen criticarte cuando siente que te estás pasando de la raya.

Las personas te amarán por tu capacidad para tomar decisiones con rapidez, pero, si lo haces con mucha frecuencia y con grandes aspavientos, te van a llamar "mandona".

Te van a adorar por tu increíble habilidad para resolver problemas pero, si la aplicas demasiado y con grandes aspavientos, entonces comenzarán a decir que siempre quieres hacer las cosas "a tu manera".

Te van a querer por tu agudo sentido del humor pero, si lo expresas con demasiada frecuencia y con grandes aspavientos, te acusarán de ser "frívola" y "poco seria".

La gente ama o critica el mismo atributo en ti, dependiendo de a qué nivel se encuentre el volumen.

NUNCA LO HABÍA PENSADO DE ESA FORMA.

Lo más emocionante de esta perspectiva es que significa que no tienes que cambiar nada para ser adorable.

No tienes que negar, condenar o deshacerte de ninguna parte de ti misma.

No tienes que "culpar" a ninguno de tus atributos, ni tratar de "arreglar" tu forma de ser para que desaparezcan.

Lo único que tienes que hacer es observar la vida con mayor atención para ver qué atributo tienes que hacer "relucir" y en qué momento, y para saber qué cantidad de ese atributo tienes que dejar salir justo entonces. ¿Hasta dónde debes subir el volumen? ¿Comprendes?

¡SÍ, TOTALMENTE! ¡YA CAIGO!

Bien. Es algo bueno para recordar: que aquellas cosas que han hecho que la gente te juzgue son las mismas que han hecho que te admire; que la diferencia es que las han experimentado en otra instancia y a otro nivel de energía.

Esto significa que te puedes amar a ti misma por completo de nuevo, de la misma forma en que lo hacías cuando eras pequeña. Es un gran alivio. Es un maravilloso momento de renovación y recuperación porque te permite "volver" a ti misma.

GUAU. TAL VEZ ESA ES LA RAZÓN POR LA QUE ESTOY LEYENDO ESTE LIBRO. O SEA, PARA PODER "LLEGAR" AHÍ.

Sí, tal vez, ciertamente. Ahora bien, también tiene su chiste. El chiste es "manejarse con conciencia". Observa lo que cada momento te ofrece y busca una oportunidad para obsequiar ese regalo: el regalo de quien eres.

Ve qué parte de tu obsequio, y en qué cantidad, puede darle vivacidad al momento o mejorarlo. También busca los aspectos en donde podrías bajar el nivel de intensidad.

Recuerda que, en ocasiones, el mejor regalo que puedes brindar es un espacio para que los demás puedan compartir sus atributos. Esto significa que debes aprender a permitir que otros "se luzcan" de la mejor forma (incluso si a ti te parece que aún dejan mucho que desear).

Siempre recuerda: "A veces, el mejor regalo que puedes brindar es el silencio".

GRACIAS, GRACIAS POR TODO. ESTA CONVERSACIÓN ESTÁ RESULTANDO SER MUY AGRADABLE.

Por nada. Me da gusto que la estemos teniendo. [1]

---

[1]. Si esta parte de la conversación sobre las "fallas" personales te llegó profundo, entonces tal vez querrás leer un libro llamado *The Dark Side of the Light Chasers*, de Debbie Ford. El libro habla sobre cómo amar nuestra "parte oscura", esa parte de la naturaleza humana que los otros han juzgado. Es un gran libro para adolescentes. Ve a conseguirlo, te encantará.

💬 **¿POR QUÉ SIEMPRE DUELE MUCHO AMAR A ALGUIEN? ESTOY CANSADA DE SENTIRME LASTIMADA POR ALGO QUE SE SUPONE QUE DEBERÍA SENTIRSE MUY BIEN (TIFFANY, 18 AÑOS)**

Amar a alguien no tiene por qué doler, Tiffany; pero, si uno confunde "amar" con "necesitar", entonces casi siempre dolerá.

Muchos seres humanos creen que el amor es la respuesta para satisfacer una necesidad. En otras palabras, si tú satisfaces mis necesidades, entonces yo te amo.

Entiendo de dónde sacaron los humanos esta idea porque siempre se les ha dicho que ésta es la forma en que Dios opera. Si satisfaces las necesidades de Dios, te amará. Si no las satisfaces, no lo hará.

Las cosas no son así conmigo, pero a ustedes les han enseñado que sí. Es muy difícil sacudirse esas enseñanzas y también es imposible ignorarlas.

Entonces comencemos por ahí. Dios no necesita nada de ti. Yo no necesito que me alabes, no necesito que me obedezcas y no necesito que vengas hacia mí de una manera específica para que puedas salvarte.

BIEN, PUES ESO PONE AL DESCUBIERTO A CASI TODAS LAS RELIGIONES DEL PLANETA.

Lo siento, pero ¡así son cosas!

Dios es el Todo del Todo, el Alfa y el Omega, el Principio y el Fin, el Hacedor inamovible, la Fuente primaria y Todo lo que Es.

No hay nada que no sea Yo, y lo que no soy no existe. Por tanto, por definición, no necesito nada.

Siempre recuerda: "Dios no necesita nada".

Si seguimos con una lógica impecable, resulta que, si no necesito nada, entonces no te castigaré por no darme algo que no necesito. Y las cosas que no necesito incluyen tu lealtad personal, la forma particular en que me alabas o te acercas a mí o, para cuestiones prácticas, que siquiera creas en mí.

No necesito que reconozcas que existo, que me reces ni que tengas algo que ver conmigo. Y, por tanto, no te voy a castigar en los eternos fuegos del Infierno si no lo haces.

Ya te expliqué todo esto en el Capítulo 10, pero lo repito por si acaso no comprendiste todas las implicaciones de esos comentarios o por si acaso no las creíste. Debes creerlas.

¿Y QUÉ TIENE QUE VER TODO ESTO CON EL AMOR?

Lo tiene que ver todo. Los seres humanos aman de la forma que lo hacen porque creen que esa es la forma en que Dios ama. Creen que el amor es una respuesta divina que Dios ofrece cuando sus necesidades se ven satisfechas, pero no es así.

"El amor no es una respuesta, es una decisión".

La frase anterior la escribió un hombre llamado Scott Peck hace algunos años en un libro que se llama *The Road Less Traveled (El camino menos transitado)*. Fue escrita porque yo lo inspiré a hacerlo. Me alegro haberlo hecho pues es una verdad abrumadora que mucha gente no entiende.

La mayoría de las personas creen que el amor es una respuesta. Llegaron a esa conclusión debido a todos los malentendidos sobre la forma en que yo los amo a ustedes y la razón.

Yo no los amo por lo que hacen por mí. Los amo porque son. Sencillamente porque ustedes SON.

¿Puedes entenderlo? ¿Puedes llegar al fondo? Mi amor es una decisión, no una reacción.

CREO QUE PUEDO ENTENDERLO, SÍ. PERO, ¿ENTONCES ESO SIGNIFICA QUE NO HAY NADA QUE PODAMOS HACER PARA GANAR TU AMOR?

Tú no necesitas "ganar" algo que ya tienes.

¿Una rosa se tiene que ganar la lluvia?

¿El helado tiene que "ganarse" tu gusto? El helado no hace nada para ganarse tu gusto. Sólo es. El helado es lo que es y tú lo adoras.

Piensa las cosas de esta forma: "Tú eres el postre de Dios".

¡QUÉ LINDO! ME GUSTA ESO.

Gracias. Ahora ya sabes que te amo simplemente porque eres, y que no tienes que hacer nada para "ganar" mi amor. No necesito nada de ti. Permite que éste se convierta en tu nuevo modelo del amor. El amor se da a sí mismo sin razón alguna. No es un pago y tampoco puede ser un soborno para obtener algo que esperas.

El verdadero amor es el resultado de una decisión que tomas sobre cómo vas a estar con otra persona. Si sólo se trata de una reacción a lo que la otra persona hace, entonces no hay amor ahí. Es sólo una emoción falsa.

Cuando tomas la decisión de amar a otra persona antes de saber lo que ella podría hacer o haría, de lo que hará por ti o contigo, entonces estás tomando una decisión muy fuerte. Tu vibración se incrementa de forma automática. Es decir, tu ser comienza a vibrar a una frecuencia más alta y a una velocidad mayor.

La sensación de amor emana de ti como si fuera rayos de sol. La gente se siente muy bien estando contigo y, por tanto, comienza a sentir que eres una gran persona.

De pronto, los otros también incrementan sus vibraciones y entonces, podrían entrar en armonía o en sincronía. Es entonces que el corazón comienza a palpitar y salen chispas volando…

¿PERO CÓMO PUEDO TOMAR LA DECISIÓN DE AMAR A ALGUIEN ANTES DE CONOCERLO?

¿Amas a los otros por quienes son o por quien tú eres?

GUAU. ÉSA ES UNA EXCELENTE PREGUNTA.

Lo es. ¿Y tu respuesta?

SUPONGO QUE SIEMPRE LOS HE AMADO POR QUIENES SON.

Gracias por ser tan honesta. Ahora sólo cambia tu razón para amarlos. Cuando amas a las personas por quien tú eres, dejas claro que no necesitas nada de ellas, que tu amor no se basa en lo que puedas obtener de ellas.

PERO SÍ NECESITO ALGO DE LA GENTE QUE AMO. NO PUEDO DECIR QUE NO PORQUE SÍ NECESITO ALGO.

No, no necesitas nada. Sólo crees que sí.

No hay absolutamente nada que necesites de otra persona para ser feliz. Es cierto, has sido perfectamente feliz en muchos momentos de tu vida sin siquiera conocer a la mitad de la gente que conoces ahora.

SÍ, PERO, EN CUANTO CONOCÍ A ESAS OTRAS PERSONAS, YA NO PUDE VIVIR SIN ELLAS. EN PARTICULAR A ALGUNAS DE ELLAS Y, EN ESPECIAL, ¡A "ESA PERSONA"!

Eso no es verdad, pero si tú crees que así es, entonces lo será para ti. Ese pensamiento también te conducirá a la infelicidad. Primero te convencerás de que no puedes ser feliz sin una persona en específico y, luego, decidirás que no es suficiente tener a esa persona en tu vida de una sola forma. (Ahora tendrá que ser tu novio o novia. Tendrá que estar "atado" a ti.)

Después de eso decidirás que, para ser feliz, tienes que tener a esa persona de una forma única y por cierta cantidad de tiempo, digamos, cada vez que tengas tiempo libre.

Muy pronto comenzarás a imaginar que, para ser feliz, te es indispensable tener a esa persona en tu vida, de la forma que quieres y ¡todo el tiempo! Incluso podrías sorprenderte diciendo que, si no tuvieras a esa persona, "te morirías". Por supuesto, eso no es lo que en realidad estarías pensando. A lo que en realidad te estarías refiriendo es que, si no tuvieras a esa persona en tu vida, sentirías que una inmensa parte de ti "moriría".

Ahora bien, aquí viene lo más fascinante de todo el asunto. Con tal de que no muriera una inmensa parte de ti por no tener a esa persona, tú comenzarías a matar una inmensa parte de ella.

Matarías su espíritu.

Ahogarías a esa persona con tu amor y con tu necesidad de su cariño, la harías toser y sofocarse, y entonces ella tendría que vomitarte para poder sobrevivir.

Se alejará de ti, lo cual sería muy triste porque en realidad le agradabas mucho y, tal vez, podría haberte amado. Sólo que, simplemente, no pudo satisfacer tus necesidades.

ME DA LA IMPRESIÓN DE QUE ME HAS ESTADO OBSERVANDO.

¡Así es! Pero no es por eso que lo sé. Lo sé porque ésta es la forma en que la mayoría de los seres humanos experimentan el amor. Es por eso que han llegado a confundir el "amor" con la "necesidad".

Ahora, las buenas noticias. Siempre recuerda: "No necesitas nada que esté fuera de ti, para ser feliz".

Sé bien que tú crees que sí necesitas algo más, pero no es así. Eso es un engaño. Es el primero de los "Diez engaños de los humanos".

El engaño consiste en la necesidad. Es la sensación de que necesitas algo o a alguien más allá de ti.

Si aún crees eso, prueba el siguiente ejercicio:

1. Haz una lista de personas, lugares y cosas que necesitas para ser feliz.

2. Ahora piensa en un momento en que no tenías nada de lo que, o de quien, incluiste en la lista, y de cualquier forma, eras totalmente feliz.

3. Luego pregúntate a ti misma: "¿Por qué creo que necesito a esta persona, lugar o cosa para ser feliz ahora?".

Si eres honesta contigo, sabrás qué sólo te necesitas a ti. Tal vez prefieras construir tu felicidad con alguna de estas herramientas en particular, pero no es necesario hacerlo así.

Por consiguiente, no conviertas una preferencia en una necesidad.

CADA VEZ QUE TENGO UNA NOVIA "ME SACA DE ONDA". ME REFIERO A QUE HAY VARIAS COSAS QUE QUIERO HACER EN LA VIDA PERO, CUANDO ANDO CON UNA CHICA, SIEMPRE ME EMPIEZO A DEJAR LLEVAR POR ELLA O PERMITO QUE SEÑALE UN CAMINO POR EL QUE QUIERE QUE AMBOS VAYAMOS. PERO ENTONCES, YO ABANDONO MI CAMINO. ¿POR QUÉ SUCEDE TODO ESO? (W., 19 AÑOS, BATON ROUGE, LOUISIANA)

Es algo que tiene que ver con el miedo, querido amigo, sólo con el miedo. Tienes miedo de que, si continúas haciendo lo que habías planeado hacer con tu carrera u otro aspecto de tu vida, tu novia de ese momento no se quede contigo. Por tanto, abandonas el plan de tu vida para tener esa otra vida que crees que quieres tener.

El problema de hacer eso es que, después de algún tiempo, descubres que no estás viviendo la vida que querías, que te sientes arisco, irritable y malhumorado. No puedes señalar qué es exactamente lo que "no te gusta", pero nada te hace sentir cómodo del todo.

En poco tiempo, esa sensación invade la relación y, si tienes suerte, el noviazgo termina. Si no eres tan afortunado, entonces todo continúa por un largo tiempo y tú permaneces en una desesperada pero callada existencia.

¿CÓMO SE PUEDE ROMPER ESE CICLO?

Aquí hay dos preguntas de importancia que se deben hacer en la vida:
1. ¿Hacia dónde voy?
2. ¿Quién va a acompañarme?

Tarde o temprano, la mayoría de las personas se hace estas preguntas; sin embargo, muchas de ellas cometen el error de hacerlas al revés. Primero se plantean la pregunta número 2 y luego la número 1. También hay personas que, cuando conocen a su pareja, hacen las preguntas en el orden correcto. No obstante, conforme pasa el tiempo, cambian el orden para poder recibir una respuesta que les conviene más.

Si tú te comportas de esta forma, vas a tener muchos problemas en tus relaciones.

MI MAMÁ Y YO HEMOS TRATADO DE FORMAR UNA FAMILIA: ENCONTRAR A ALGUIEN QUE PUEDA SER UNA PAREJA PARA ELLA Y UN PADRE PARA MÍ. NO LO HEMOS LOGRADO HASTA AHORA. ¿POR QUÉ?

Tal vez no deba ser así.

¿ESO QUÉ SIGNIFICA?

Significa que tal vez las cosas son perfectas como están ahora. Lo único que tienes que hacer es encontrar la perfección. Es lo que todo mundo debe hacer para pasar de un momento de "infelicidad" en su vida, a uno de "felicidad". Sólo es necesario encontrar la perfección.

Sin importar lo que suceda, lo que esté pasando, siempre encuentra la perfección. Sin importar lo que no suceda y te gustaría que sucediera, encuentra la perfección.

En cuanto la encuentres, sumérgete en la gratitud. Ofrece algunas palabras de agradecimiento.

¿CÓMO PUEDO HACER ESO? ¿CÓMO PUEDO AGRADECER UNA VIDA QUE NO ES COMO YO DESEARÍA QUE FUERA?

En principio, aceptando que, a cierto nivel, sí es como desearías que fuera. Entendiendo que siempre existe una razón, conveniente al alma, para que la vida sea como es, para que las cosas sucedan de la forma que han sucedido, para que todo lo que de pronto "aparece" esté llegando.

¿Y CUÁL ES LA RAZÓN?

Eres un ser espiritual y entraste al cuerpo para experimentar quien eres. Para lograr esto, en todo momento te encuentras acercándote a la gente, los lugares y los sucesos idóneos para tener aquella experiencia para la que fuiste enviado a tu cuerpo material.

Estás en el proceso de recrearte de nuevo en cada momento del ahora.

YA LO HABÍAS MENCIONADO.

Sí, quiero enfatizarlo. Es la razón por la que viniste a este mundo, es lo que tienes que hacer. Todo lo demás es un engaño. A este proceso se le llama evolución: la evolución del alma.

Si ya lo sabes, entonces cambia todo. Ya no verás las cosas como antes, ya no vivirás las tragedias como tragedias, sino como oportunidades. Como tu oportunidad de anunciar y de crear, de ser y de expresar, de realizar y convertirte en quien en realidad eres.

El mundo entero fue diseñado como un escenario para que realices tu búsqueda. De hecho, el universo es el escenario y la Tierra, tu lugar en él.

¿CUÁNDO VAS A ENVIAR A ALGUIEN QUE ME AME Y ME ACEPTE COMO SOY? ¿CON MIS COSTUMBRES Y FALLAS? ¿DE LA MISMA FORMA EN QUE YO VEO Y APRECIO A TODOS LOS DEMÁS? (CARY, 19 AÑOS)

Ya te envié a alguien, Cary, ¡a mí!

PUES, SÍ, DIOS, TE LO AGRADEZCO, PERO TAMBIÉN ME GUSTARÍA COMPARTIR LOS DÍAS Y LAS NOCHES DE MI VIDA CON ALGUIEN MÁS.

Lo sé y lo entiendo. Te voy a decir cómo encontrarlo.

¡GENIAL!

Sólo conviértete en aquello que buscas.

¿QUE SEA LO QUE BUSCO?

Sí. En lugar de buscar a alguien a quien amar, conviértete en alguien que pueda ser amado. Brinda lo que quieres recibir. Sé lo que quieres experimentar. Éste es el secreto más grande de la vida.

Conviértete en lo que estás buscando y, entonces, lo que buscas, te encontrará a ti.

Todos buscan lo mismo y es por eso que no te conviene ser un buscador: es mejor ser lo que los otros buscan.

13

Las drogas

¿POR QUÉ A TODO MUNDO LE DA MIEDO QUE YO EXPERI-MENTE UN POQUITO CON LAS DROGAS? (VALERIE, 17 AÑOS, PARÍS, FRANCIA)

Antes de comenzar a hablar sobre este tema, debemos aclarar las definiciones que vamos a usar. Las drogas son drogas. No importa si son legales o ilegales. Existen aquellas a las que la gente llama drogas medicinales y a las que se les conoce como drogas recreativas.

El abuso de cualquiera de ellas puede ocasionar fuertes problemas. Lo mismo puede suceder si se abusa del alcohol, el cual es también otro tipo de droga.

Ahora, respecto a tu pregunta, te diré que experimentar "un poquito" con las drogas es imposible para la mayoría de los seres humanos.

Las drogas son poderosas, Valerie. Pueden tomar el control de tu vida antes de que siquiera te des cuenta de lo que sucede. Ése es el problema.

La mayoría de las personas juran –en verdad juran– que pueden manejar las drogas. Cuando les recomiendan tener cuidado y ni siquiera probarlas, se molestan porque creen que son mucho más poderosos, más capaces de lidiar con el asunto.

Hay muchos conductores que sienten lo mismo. Cuando se ponen tras el volante, los invade una extraña imprudencia. Esquivan las curvas mejor de lo que lo hizo el hombre que pasó antes por ahí y se estrelló. Lo único en lo que piensan es en poner el pie en el pedal: "A mí no me va a pasar nada".

También hay muchos bebedores que opinan lo mismo. Dicen: "Lo tengo todo bajo control". Lo siguen creyendo a pesar de que las estadísticas muestran que la inmensa mayoría de la gente que se "estrella" también creía que "lo tenía todo bajo control". Pero las estadísticas no les interesan, lo que les importa es la emoción. Los hechos se vuelven irrelevantes.

A la acción de manejar imprudentemente súmale drogas y alcohol, el resultado será un problema letal.

PERO TENGO AMIGOS QUE YA ESTÁN USANDO DROGAS Y QUE SIENTEN QUE MANEJAN EL ASUNTO BASTANTE BIEN, SIN PROBLEMAS.

El problema con las drogas es que distorsionan tu percepción. Tú crees que puedes controlarte, crees que lo haces, pero, en realidad, las drogas te controlan a ti. Te controlan desde la primera vez que las usas. Es una sensación muy engañosa. Déjame contarte la historia de la langosta y el agua.

Un día, el chef de un restaurante colocó una langosta en una cacerola. La langosta no hizo el menor intento por huir. Si el agua hubiera estado caliente, la langosta habría tratado de escapar con desesperación. Pero el agua estaba templada.

El chef encendió el fuego después de haber metido a la langosta en la cacerola, y la puso a cocinar a fuego lento. Pasó mucho tiempo antes de que el agua comenzara a hervir. Para cuando el agua comenzó a hacerlo y a cocinar a la langosta, era demasiado tarde. La langosta ni siquiera se dio cuenta de lo que le había sucedido.

Si durante los primeros minutos que estuvo en la cacerola, le hubieras preguntado a la langosta: "¿Por qué no tratas de salir de ahí? ¿Qué no te das cuenta de que estás en problemas?", la langosta te habría respondido: "No seas tonta. Nada más estoy nadando tantito aquí en el agua".

ENTONCES TÚ CREES QUE MIS AMIGOS ESTÁN EN MÁS PROBLEMAS DE LOS QUE SE IMAGINAN.

Sólo digamos que están metidos en agua caliente.

Te lo voy a repetir. Las drogas te controlan desde la primera vez que las usas. Tal vez tú no lo creas, y ésa es precisamente la forma en que funcionan.

Las drogas te pueden impedir pensar de la forma en que normalmente lo haces. Si tomas la cantidad suficiente, te impedirán pensar por completo.

"Oh, pero, yo sé cuándo detenerme" son las últimas palabras de miles de personas que arruinaron sus vidas por las drogas. Pasa lo mismo con el alcohol.

TAL VEZ USAR DROGAS SÍ ES PELIGROSO... [1]

Con las drogas no existe el "tal vez".

PERO LA GENTE QUE CONOZCO QUE LAS USA SÓLO ESTÁ TRATANDO DE VOLAR UN POCO.

Lo más chistoso es que la gente que usa drogas o que consume bebidas alcohólicas para "volar" un poco, por lo general termina cayendo muy bajo. Lo más bajo que se puede caer.

Lo más triste es que podrían "volar" sin tomar ninguna de estas sustancias.

SÍ, SÍ, YA SÉ. "LLEGAR MUY ALTO EN LA VIDA".

¡Así es!

PERO ESO ES COMO MUY, NO SÉ, MUY TONTO.

La mayoría de la gente ha logrado convertir lo sensacional en tonto, y lo tonto, en sensacional. Gran parte de las personas están confundidas.

Si lo que buscas es tener una sensación especial, no hay nada como la vida. Con ello me refiero a la vida tal como es, y no a la existencia vista a través de la

---

[1]. Entren a www.freevibe.com, éste es un sitio para adolescentes en donde se ofrece información sobre las drogas y el peligro que representan.

opaca bruma de una mente drogada, de un cuerpo que se arrastra, de un corazón desesperado y de un alma sin aliento.

Hablo de la vida que se experimenta a través de una mente iluminada, de un cuerpo lleno de vigor, de un corazón puro y de un alma elevada.

Hablo de la felicidad pura, de la verdadera felicidad, no de la felicidad falsa que producen los estimulantes artificiales. Me refiero a "ser", a "hacer" y a "tener" un nivel muy alto.

Ser, hacer y tener son los tres niveles de la experiencia humana. Toda la experiencia fluye desde el ser. Lo que quiera que seas determinará lo que hagas, y, lo que hagas determinará lo que tengas. Tal vez no lo hayas pensado de esta forma antes, pero así son las cosas.

Vivir feliz es cuestión de ser algo, de hacer algo y de tener algo que haga que tu alma baile, que tu corazón cante y que tu mente se libere.

¿CÓMO PUEDO TENER ESA EXPERIENCIA? ¿QUIERES DECIR QUE YO PUEDO HACER ESO?

En su totalidad, este libro se refiere a eso. Es lo único de lo que he hablado. En cualquier página que busques encontrarás señales y herramientas que puedes usar para ser, hacer y tener lo que elijas.

Eso es algo que las drogas no te pueden brindar. Las drogas no son parte de las herramientas que mencioné. Las drogas destruyen las herramientas.

14

La escuela

💬 ¿POR QUÉ EN LA ESCUELA NOS ENSEÑAN HECHOS, NO IDEAS?
(TRISTÁN, 14 AÑOS)

Porque las ideas son peligrosas, pueden cambiar el estado de las cosas y la sociedad en que vives no quiere eso. La mayoría de las sociedades invierte mucha energía en mantener las cosas como están porque, mantener las cosas así, es lo que hace que una sociedad prevalezca.

Una sociedad es sólo un grupo de gente que comparte una forma particular de ver las cosas. Estas personas comparten tradiciones, instituciones creadas por ellas, actividades e intereses. Cualquier factor que amenace dichas tradiciones, instituciones e intereses, tendrá oposición y, ciertamente, no se enseñará en las escuelas.

Por supuesto, no hay nada más amenazante a estas instituciones que las nuevas ideas. Por tanto, a los niños se les insta a "aprender" pero no a "pensar" mucho.

Pensar implica analizar las ideas. Aprender sólo implica memorizar.

SÍ, ESO ES EXACTAMENTE DE LO QUE SE TRATA. ¡MEMORIZAR LOS PRESIDENTES! ¡MEMORIZAR LAS CAPITALES! ¡MEMORIZAR LAS BATALLAS! ¡AQUÍ ESTÁN LOS HECHOS, SÓLO MEMORÍCENLOS! ASÍ SON LAS COSAS, "ENTIÉNDANLO".

Lo que hace que todo este asunto sea aún más desafiante es que los hechos rara vez son hechos. Es decir, rara vez son información pura de lo que en verdad es, de lo que en verdad sucedió. Con mucha frecuencia, se trata sólo de interpretaciones de lo que es y de lo que sucedió. Son interpretaciones diseñadas para justificar y fortalecer un punto de vista específico. Y ese punto de vista es el que tus mayores quieren enseñarte, no sólo los hechos.

Es por eso que, dependiendo de quiénes son, de lo que sus padres les cuentan y de qué versión de la "historia" escuchen, los niños pueden tener puntos de vista muy distintos de los sucesos y del porqué Japón situó a sus soldados en Corea, o por qué Estados Unidos ubicó a los suyos en el territorio ocupado de Palestina.

De esta forma, los pecados de los padres son castigados en los hijos de, incluso, hasta la séptima generación.

¡GENIAL! ¡ENTONCES SOY PRISIONERO DE UN SISTEMA ESCOLAR QUE ME ENSEÑA CÓMO COMETER LOS MISMOS ERRORES QUE COMETIERON MIS PADRES! QUÉ MARAVILLA.

Pero no tiene que ser así. No tienes que repetir sus errores. Mira a tu alrededor, y fíjate con qué situaciones del mundo no estás de acuerdo. Luego investiga por qué son así las cosas y decide hacer algo al respecto, algo que pueda modificar la situación.

Se puede decir que existen, básicamente, dos tipos de personas en tu planeta: los repetidores y los hacedores del cambio. Los repetidores son quienes miran hacia el pasado y repiten lo que se hizo entonces. Los hacedores del cambio son quienes miran hacia el pasado y modifican lo que se hizo para no repetir los errores.

Tú puedes convertirte en uno de los hacedores del cambio.

¡Y UNA DE LAS PRIMERAS COSAS QUE PODEMOS CAMBIAR ES LA FORMA EN QUE FUNCIONAN LAS ESCUELAS!

Ésa es una de las primeras cosas que tendrías que cambiar si quisieras modificar todo lo demás porque, lo que aprendes, es en lo que te conviertes. Y es muy difícil "dejar de serlo".

¿CÓMO PODEMOS CAMBIAR LAS ESCUELAS?

Tal vez no haya mucho que puedas hacer para cambiar tu escuela este año o el siguiente, tal vez ni siquiera en el futuro cercano, sin embargo, lo que sí puedes modificar es tu experiencia escolar.

Mira la escuela de una nueva forma. Sin importar cuán imperfecta sea, mírala como lo que es: un paso más que la vida te ha dado para llegar exactamente a donde quieres ir.

Después de eso, usa tu nueva actitud positiva para sugerir los cambios que crees que podrían hacer que la escuela fuera mejor. Aun en las escuelas menos democráticas, debería existir algún tipo de mecanismo que te permita expresar las sugerencias.

Diviértete ahí. Sé un poco atrevido pero trata de no ser muy crítico o tomarte a ti mismo demasiado en serio. Si lo haces, estarás vencido antes de siquiera comenzar.

Dales las mejores sugerencias que tengas para cambiar la forma en que funcionan sus escuelas a tus padres, a las personas que dirigen tu sistema escolar y, cuando seas mayor, a cualquier persona de tu comunidad que te escuche.

¿TIENES ALGUNAS IDEAS?

Podrías tratar de decirles que no se enfaticen los "hechos" sino los conceptos. Podrías invitarlos a enfocarse en los tres conceptos centrales del vivir interior:

1. Conciencia.
2. Honestidad.
3. Responsabilidad.

Podrías sugerirles que diseñen todos los planes de estudio basándose en estos conceptos. No tienen que abandonar las habilidades de lectura, escritura y matemáticas, ni las otras áreas "académicas", sólo tienen que usarlas como herramientas para ilustrar y vivir los tres conceptos.

También podrías motivarlos a crear un programa que incluyera varias áreas de la experiencia humana para que puedan explorarlas. Experiencias como el autodescubrimiento y la expresión personal, formas para compartir el poder, economía equitativa, vida sustentable, protección de la biodiversidad, utilización de la diversidad, celebración de la sexualidad, pensamiento creativo y unidad de todo lo vivo.

Diles que si enseñan estas materias, no habrá ningún problema: los estudiantes continuarán asistiendo a la escuela y prestando atención en clase.

Aprovecha para decirles que traten de deshacerse de los niveles escolares que separan a los estudiantes por edad y que, en lugar de eso, instauren un sistema que les permita agruparse libremente de acuerdo con sus intereses y pasiones.

Que también desaparezcan los exámenes, las calificaciones y los promedios, para que el único criterio para calificar si las mentes están siendo estimuladas o entorpecidas, sea la alegría de cada niño, y que el único examen sea el brillo de sus ojos.

Y por último, ¿por qué no sugerirles que les den a los estudiantes la oportunidad de opinar sobre la forma en que dirigen la escuela, y que los incluyan en la toma de decisiones de forma genuina y no sólo en un "teatrito"?

¡GUAU! ¡SERÍA UNA ESCUELA INCREÍBLE![1]

Y UNA DE LAS PRIMERAS COSAS QUE CAMBIARÍA SERÍA LA TAREA. ¿POR QUÉ, DESPUÉS DE SIETE HORAS DE CLASE, TODAVÍA TENEMOS QUE HACER TRES HORAS DE TAREAS? (WADE, 15 AÑOS, HOUSTON, TEXAS)

Incluso los adultos se hacen esa misma pregunta. Un estudio reciente de la Universidad de Michigan sugiere que los niños tienen tres veces más tarea de la que tenían los niños hace veinte años.

Si sientes que tu carga de tarea es demasiado grande, habla con tus padres al respecto y diles que discutan el tema con las autoridades escolares.

¿TÚ CREES QUE ESO VA A SERVIR DE ALGO? AUN SI LO HABLA- RAN EN LA ESCUELA, NO VA A CAMBIAR NADA.

---

[1]. Las personas interesadas en comenzar en una nueva escuela, tal vez quieran contactar a The Heartlight Learning Community, un movimiento de educación alternativa que se basa en las enseñanzas de *Conversaciones con Dios*. Dirección: Heartlight Education, PMB #91, 1257 Siskiyou Blvd, Ashland, OR 97520; teléfono: 541-482-1120, y en Internet, en la página www.HeartlightEducation.org. Correo electrónico: heartlighteducation@cwg.cc.

Eso no lo puedes saber. Es lo que tú crees, pero no lo sabes. Lo peor que puedes hacer en la vida es dejar de hacer algo sólo porque crees que ya sabes cuál será el resultado. Esta forma de actuar impide que la energía fluya incluso antes de que tengas la oportunidad de comenzar. No te pongas obstáculos antes de comenzar.

Siempre recuerda: "No te pongas obstáculos antes de comenzar".

Cuando te detienes antes de comenzar, te condenas a no llegar a ningún lado y, por tanto, estarás en lo correcto al decir que no lo lograrás.

Desde antes de comenzar ya sabías que no ibas a llegar a ningún sitio, y así fue como sucedió. No estás contento pero, al menos, puedes decir que tenías razón.

Esta actitud es lo que permite que la gente que no está contenta permanezca así. Es lo que permite a los enojados mantenerse enojados. Es lo que permite a la gente que no va a ningún lado, no llegar a ningún lugar.

Piensa de manera positiva. Deshazte de los pensamientos negativos. Los pensamientos positivos tienen un verdadero impacto físico en la vida. Pensar positivamente genera vibraciones, mueve la energía de una forma muy particular. Provoca resultados positivos.

💬 NO SÉ SI JUNTARME CON LOS CHICOS POPULARES DE LA ESCUELA O CON LOS CHICOS MARGINADOS Y FACHOSOS. ¿POR QUÉ TODO MUNDO TIENE QUE APARTARSE DE LOS DEMÁS? (MARI, 16 AÑOS, PHOENIX, ARIZONA)

Apartarse de los demás es una forma de buscar la identidad propia. Parece que a los jóvenes les urge hacer esto. La vida entera es un proceso de autodefinición, de decidir quién eres. En la escuela también se vive este proceso.

Pero recuerda lo que dije anteriormente, cuando hablamos sobre la presión en la escuela. No hagas nada que te haga sentir que no eres tú sólo para poder pertenecer a un grupo.

¿Por qué no mejor decidir que no quieres tener "exclusividad" con ninguno de los grupos? Sé tú mismo. Si sientes que te gustaría pasar más tiempo con un grupo, entonces hazlo. Si sientes que preferirías estar con el otro, hazlo. No permitas que ningún grupo se apropie de ti.

Los grupos separan, los individuos unen. El objetivo de los grupos es separar. Por eso son grupos.

Ésta es mi respuesta "práctica". ¿Te gustaría escuchar mi respuesta "espiritual"?

CLARO.

Para encontrar una identidad propia, no es necesario apartarse de los otros, sin embargo, con frecuencia, la gente que vive profundamente el engaño de la falta de unidad, cree que sí es necesario.

Este engaño sostiene que la falta de unidad es lo más natural. Según esta teoría, todo está separado, todo tiene identidades, propósitos y funciones separadas.

Por tanto, la gente cree que es necesario apartarse de los otros para poder llegar a conocerse bien a sí misma. Pero, de hecho, sucede exactamente lo contrario.

¿QUÉ QUIERES DECIR?

Quiero decir que podrás encontrar tu verdadera identidad en la unidad, no en la falta de la misma. Tu verdadero ser se puede experimentar al ser uno con otros, no al apartarse de ellos.

¿PERO QUÉ NO TODO ESTÁ SEPARADO? ¿ACASO NO TODAS LAS COSAS TIENEN IDENTIDADES, PROPÓSITOS Y FUNCIONES INDIVIDUALES?

Si yo te dijera que tu función y tu propósito son los mismos que los del árbol que se ve por tu ventana, de la montaña que está cubierta de nieve o del océano que se une a la playa, ¿me creerías?

PROBABLEMENTE NO.

Pues así es.

ME LO TIENES QUE EXPLICAR.

El propósito y la función del árbol son crecer, y sucede lo mismo contigo. Ésos son los propósitos de todo en la vida.

Tú estás creciendo para convertirte en la versión y la visión más grande que has tenido de quien en realidad eres. Es lo mismo con el árbol. La única diferencia es que tú lo sabes y el árbol no. Tú lo sabes a un nivel consciente, pero el árbol no puede tener el mismo nivel de conciencia que tú.

Tú estás consciente de tu ser. Es decir, tienes conciencia de ti mismo. Si te comparas con el árbol, verás que eres un ser mucho más evolucionado. Sin embargo, los dos tienen el mismo objetivo.

YA ENTENDÍ LO DEL ÁRBOL, PERO NO SÉ QUÉ PASA CON LA MONTAÑA Y EL OCÉANO.

¿No te das cuenta de que la montaña y el océano también están creciendo?

NO, PORQUE EN TODO CASO SE ESTÁN ACHICANDO.

Ah, ya veo. Tú estás equiparando el concepto de "crecer" con el de "hacerse más grande".

¿QUÉ NO ES ASÍ?

El crecimiento es una evolución en cualquier forma. La montaña cambia todo el tiempo, el océano también. Pasa lo mismo con todo lo que está vivo. Todo el cambio implica crecimiento. De eso se trata la evolución.

"Más grande" no necesariamente significa "mejor". Las cosas pueden achicarse y, al mismo tiempo, evolucionar en gran medida.

NUNCA LO HABÍA PENSADO DE ESA FORMA.

Bien, pues ésa es la belleza de toda conversación estimulante. Que te invita a pensar las cosas de formas distintas.

¡MI MAESTRA DE BIOLOGÍA ES LA PEOR MAESTRA EN LA HISTORIA DEL MUNDO! ¡ME QUEDO DORMIDO EN SUS CLASES! ¿QUÉ VOY A HACER? Y NO ME SALGAS CON "CAMBIA DE CLASE", PORQUE YA LO INTENTÉ Y NO TENGO MUCHAS OPCIONES (DENNIS, 16 AÑOS, NUEVA YORK).

Habla con tu maestra. Dile que no "estás entendiendo", pregúntale qué puedes hacer, incluso contempla realizar algún trabajo extramuros para ayudarte.

Sin hacerle sentir que está "equivocada", dile a la maestra que te cuesta trabajo enfocar tu interés en la clase. Pregúntale si hay algún método, experimento o proyecto especial que te ayude a mantenerte más "enfocado" en lo que se está enseñando.

Habla con tus compañeros e investiga si a alguien le está yendo mejor que a ti. Si encuentras a algunos que van mejor (tal vez encuentres a varios), pregúntale a la maestra si puedes formar un "equipo" con ellos de vez en cuando para algún proyecto o tarea (antes pregúntales a los estudiantes si estarían de acuerdo). De esta forma, tal vez no sólo logres inyectarle ánimo a tu experiencia en la clase, también podría ser una forma de conocer mejor a otros chicos.

Habla con tus padres y pregúntales si tienen alguna sugerencia. También visita a tu consejero escolar.

Hagas lo que hagas, no sólo te quejes del problema, no sólo te quedes sin hacer algo, ni permitas que esa sea la razón por la que no te vaya bien en clase.

ALGUNOS DE MIS COMPAÑEROS HACEN TRAMPA EN CLASE Y EN LOS EXÁMENES. QUIEREN QUE YO PARTICIPE EN ESO. DE HECHO, PODRÍA VENIRME BIEN UN POQUITO DE "AYUDA" EN MIS EXÁMENES DE GEOMETRÍA Y SUPONGO QUE PODRÍA AYUDAR A ALGUNOS DE MIS COMPAÑEROS A LOS QUE NO LES VA BIEN EN ESTUDIOS SOCIALES Y FRANCÉS, POR EJEMPLO. PERO SÉ QUE HACER TRAMPA ES INCORRECTO, ASÍ QUE... (MARSHALL, 16 AÑOS, NUEVA ORLEANS)

Como ya lo mencioné antes, no existe el "bien" y el "mal". Sólo existe lo que "funciona" y lo que "no funciona" dependiendo de lo que tratas de hacer.

¡GENIAL! PORQUE LO QUE ESTOY TRATANDO DE HACER ES ¡PASAR GEOMETRÍA!

¿Eso es todo?

¿A QUÉ TE REFIERES CON "ESO ES TODO"?

¿No estás tratando de hacer algo más?

EH, CREO QUE NO.

Yo creo que sí, aunque quizá no estás consciente de ello.

¿Y QUÉ CREES QUE ESTOY TRATANDO DE HACER?

Estás decidiendo quién eres. Te estás definiendo. Porque eso es lo que todos los seres humanos hacen a cada momento.

NO HAS DEJADO DE REPETIRLO.

El asunto es que, cuando comprendas lo que en realidad estás haciendo en este planeta, en lugar de lo que parece que estás haciendo cada vez que entras al juego del engaño, todo va a cambiar. La pregunta también cambia.

La pregunta ya no es "¿Debería hacer trampa en el examen?" o "¿Podré hacer trampa sin que se den cuenta?". Las preguntas ahora son "¿En verdad soy un tramposo?", "¿Soy una persona en la que no se puede confiar?", "¿Realmente quiero ser esto?".

LA MITAD DEL MUNDO HACE TRAMPA. LO MÁS PROBABLE ES QUE MI PAPÁ TAMBIÉN "HAGA TRAMPA" EN SU DECLARACIÓN DE IMPUESTOS.

Sí, y tú podrías ser como la mitad del mundo –un mundo que, por cierto, has criticado en más de una ocasión por no ser lo que tú quieres que sea– o también puedes convertirte en ese cambio que deseas ver.

15

Los padres

¿POR QUÉ NO PUEDEN MIS PADRES MANTENERSE ENAMORADOS Y NO DIVORCIARSE? (CARRIE, 15 AÑOS, SAN FRANCISCO, CALIFORNIA)

Tus padres sí pueden mantenerse enamorados y no divorciarse, pero eso requeriría un cambio en las cosas en las que ellos creen.

Tus padres tendrían que creer que el amor es una decisión, no una reacción. Luego, tendrían que decidir amarse de la forma en que lo hacían cuando se conocieron.

En aquel tiempo se lo perdonaban todo, si es que acaso veían algo que perdonar. Era así porque imaginaban que compartían los mismos intereses. Ahora creen que sus intereses ya no convergen.

A veces parece que los intereses de las personas entran en conflicto, pero eso rara vez sucede. Y es que, al final, toda la gente quiere lo mismo.

Lo único que tienes que hacer es identificar el deseo que está detrás del deseo. Tal vez tengas que cavar muy profundo, pero casi siempre encontrarás tus propios deseos –y un interés en común– justo al centro de los de alguien más.

El trabajo del amor se lleva a cabo en esta disposición a cavar hondamente para encontrar ese interés en común. Y la alegría se hace real al encontrarlo.

El amor dice: "Yo sé que tú y yo somos uno, y que, finalmente, ambos buscamos lo mismo. Aquí hay algo que ambos deseamos y tan sólo pensamos que existen formas diferentes de lograrlo".

"Estas formas diferentes parecen estar en conflicto ahora, y eso nos hace creer que nos oponemos el uno al otro, que necesitamos ser 'rivales'. Pero yo estoy dispuesto a abandonar la oposición y entrar en la suposición".

"Estoy dispuesto a suponer que, en algún lugar, enterrado debajo de todo este conflicto aparente, podemos encontrar ese deseo que tú y yo compartimos, y luego coproducir una manera en la que ambos podamos experimentar lo que buscamos".

En muchos, muchos casos, este cambio en la conciencia puede recrear un matrimonio por completo.

Ahora bien, hay momentos en los que alcanzar este momento y lograr esta comprensión, conduce a un regreso al amor que hubo entre las personas, más no a un regreso a la antigua forma en que funcionaba su relación. Existen muchas razones por las que eso no les convendría. Ellos podrían decidir recrear su relación amorosa de otra forma, alguna que no implica permanecer juntos.

Tú podrías estar bien y tener una vida feliz aunque tus padres se separaran, pero eso requeriría un cambio en los conceptos que crees.

Tendrías que entender que tú –y que ninguna otra persona, lugar u objeto– eres la fuente de tu felicidad, seguridad y amor. Tendrías que creer que no eres la causa de la separación de tus padres y que no tienes ninguna culpa de lo que sucedió. Tendrías que entender que ellos todavía te aman como siempre y que estarán ahí para ti en la mejor forma que puedan hacerlo.

Tendrías que saber que, incluso si no tuvieran la posibilidad de estar ahí para ti, Dios sí estará.

Esto significa que tendrías que confiar en la vida, saber que todas las cosas van a salir bien, que Dios está de tu lado, y que todo el universo se ha alineado contigo. Que, si así lo decides, nada te podrá impedir experimentar la paz, la felicidad, el amor y el gozo en tu vida.

Ésta es la verdad, te lo aseguro. Nunca te abandonaré, puedes llamarme siempre que me necesites, en cualquier momento, puedes pedir fuerza, valor, conciencia, puedes pedirme enjugar tus lágrimas, sostener tu corazón, calmar tu mente, sanar tu alma y restaurar tu ser para que vuelva a ser la magnífica maravilla que era.

Cree en ti mismo, cree en mí, cree en el amor porque estas tres cosas son lo mismo, son eternas, y bendecirán y le brindarán gracia al universo por siempre.

¿POR QUÉ CUANDO TIENES OPINIONES, IDEAS, PENSAMIENTOS Y ACCIONES DISTINTOS A LOS DE TUS PADRES, ELLOS SE MOLESTAN Y QUIEREN QUE TE APEGUES A SUS OPINIONES, IDEAS, PENSAMIENTOS Y ACCIONES? (CLAUDETTE)

De manera natural, los padres creen que sus opiniones, ideas, pensamientos y acciones son los que tienen sentido. Lo creen así porque les pertenecen, porque ellos los produjeron. Tú crees que tus opiniones, ideas, pensamientos y acciones son las que tienen sentido por exactamente la misma razón.

A los seres humanos no les gustan las diferencias y, conforme envejecen, les molestan aún más. A los humanos les gusta la "familiaridad" porque asumen que valida la "corrección" de sus ideas.

En otras palabras, si tú haces algo de la misma forma que yo, entonces lo que yo hago es lo "correcto". En cuanto modifiques tu manera de hacerlo, dependiendo del nivel que tenga de confianza en mí mismo, sentiré que estás juzgando mi método o, por lo menos, que podrías hacerlo. La raza humana no se caracteriza precisamente por su confianza en sí misma.

¿CÓMO PODEMOS CAMBIAR ESO? CUANDO YO TENGA HIJOS NO QUIERO ASUMIR QUE ESTÁN EQUIVOCADOS SÓLO PORQUE HAGAN O SUGIERAN ALGO DISTINTO A LO QUE YO PROPONGA.

La confianza en uno mismo se produce cuando vuelves a tu poder original. Significa que tienes que entender a profundidad la relación que hay entre tú y Dios. Se trata de saber que no existe lo "bueno" y lo "malo", que sólo existe lo que funciona y lo que no, dependiendo de lo que tratas de lograr.

Los principios que se explican en este libro podrían ayudarte. Si revisas las conversaciones que aquí se presentan, podrías encontrar la ayuda necesaria para construir esa plataforma mental que te ayudará a realizar el cambio en ti.

💬 **¿QUÉ ONDA CON LA BRECHA GENERACIONAL? ¿POR QUÉ LOS PADRES NO PUEDEN SIMPLEMENTE HABLAR CON NOSOTROS?** (TRAVIS, 16 AÑOS, OREGON)

Algunos padres no se sienten "equipados" para hablar abiertamente con sus hijos. Sienten que hablan idiomas diferentes, que vienen de lugares distintos. Que les preocupan temas disímiles y que no comparten los mismos valores.

Y, de hecho, todo esto podría ser verdad.

¿Y QUÉ? ¿POR QUÉ TODAVÍA NO PUEDEN HABLARNOS? ¿ACASO TENEMOS QUE ESTAR DE ACUERDO EN TODO CON ELLOS PARA PODER TENER UNA CONVERSACIÓN PROFUNDA?

No, pero a veces, los padres se sienten de la misma forma que los adolescentes: ignorados, malinterpretados, invisibles.

¿LOS PADRES SE SIENTEN ASÍ? ¿CÓMO PUEDEN SENTIRSE ASÍ SI ELLOS SON QUIENES NO ESCUCHAN, QUIENES NOS MALINTERPRETAN Y NOS IGNORAN?

Si observas con cuidado, todo lo que experimentes por ti mismo, lo verás justo frente a ti.

¿QUÉ QUIERES DECIR?

Quiero decir que el mundo es un gran espejo que te devuelve tu reflejo. Si te sientes ignorado, malinterpretado e invisible, se podría deber a que ésa es la manera en que haces sentir a otros.

Dicho de otra forma, si logras que los otros sientan que los escuchas, que los entiendes a profundidad y que los tomas en cuenta cuando están contigo, va a ser muy, muy difícil (tal vez imposible) que, en ese mismo momento, tú te sientas ignorado, malinterpretado o invisible.

Lo que se siembra se cosecha. Cuando sepas que tus padres se sienten igual que tú, se abrirá por completo la puerta de la oportunidad y tendrás la posibilidad de entablar una comunicación real.

A VECES ME PREGUNTO SI ALGÚN DÍA PODRÉ TENER UNA CONVERSACIÓN PROFUNDA CON MIS PADRES OTRA VEZ. AHORA SE VEN TAN DISTANTES...

Bien, de eso es de lo que he estado hablando, ¿no? Algunos padres sienten que sus hijos e hijas adolescentes están "distantes". Entonces, el sentimiento es mutuo.

OKEY, Y ENTONCES, ¿POR QUÉ SUCEDE ESTO?

Las generaciones que están apartadas creen que tienen distintos intereses y objetivos. Pero, en realidad, todos los seres humanos comparten intereses y tienen las mismas metas: ser ellos mismos y experimentarse al siguiente nivel más alto, y al siguiente, y al siguiente.

El nombre científico de este proceso es evolución, y sucede en todas partes. No obstante, muy poca gente de ambos lados de lo que conocemos como la "brecha generacional" logra darse cuenta de eso. Las personas creen que desean cosas distintas y que, además, lo que se interpone entre ellas y sus deseos, es precisamente la gente de la otra generación.

Y están en lo correcto porque las generaciones no se hablan entre sí. No se hablan porque creen que no tienen nada en común. Entonces, el círculo se cierra y se produce la "brecha generacional".

¿ENTONCES QUÉ HACEMOS?

Cambia, conviértete en uno de los hacedores del cambio. Hay muchas maneras de echar a andar este proceso. Puedes platicar con algunos adultos, incluso puedes establecer un esquema de noches de reunión para discutir estos temas, crear mesas redondas en tus centros juveniles, en algún lugar donde se reúnan los adultos, o en algún centro comunitario de tu ciudad (¡ése sí sería un terreno neutral!).

Se pueden realizar preguntas entre ustedes, conocer la opinión de los otros, e incluso, darse consejos.

También puedes comenzar a charlar con tus padres y, si no te escuchan, entonces escríbeles: la mayoría de la gente lee lo que le envían. En tu carta pídeles de nuevo que se sienten y te escuchen. Claro, debes hacerles saber que tú también estás dispuesto a escucharlos.

Diles que ésta podría ser una de las últimas oportunidades que tendrán para sentarse y conversar, para analizar la vida, para compartir sus sentimientos, pensamientos e ideas. Diles que es algo importante para ti.

Da el primer paso. Haz la primera jugada. Como ya lo mencioné, muchos de sus padres creen que ustedes no quieren hablar con ellos. Ellos creen que a ustedes les aburren sus ideas y no quieren escucharlas. Creen que ustedes sólo quieren que los dejen en paz y, por tanto, eso es lo que ellos hacen.

Tus padres se van por la salida fácil. No se los permitas y tampoco te lo permitas. ¿Quieres deshacer la brecha generacional? Deshazla. Vamos, ¡hazlo!. Depende de ti. Si tú avanzas hasta la mitad del camino, la mayor parte de los padres, de adultos, avanzará la otra mitad. *Okey*, ya sé que no todos lo van a hacer, hay algunos que no están dispuestos, pero muchos de ellos sí lo harán.

Inténtalo, el resultado te podría sorprender.

¿POR QUÉ MIS PADRES SÓLO NOTAN MIS ERRORES? (BRYAN, 16 AÑOS, OMAHA, NEBRASKA)

No es que los padres sólo noten tus errores. La mayoría de los padres también se dan cuenta de tus aciertos, es sólo que no dicen nada al respecto.

En general, la gente no se regodea en los aspectos positivos. Casi siempre enfatiza lo negativo, es un hábito que tiene la mayoría de los seres humanos (tal vez tú también lo tengas).

Si la gente entendiera "el poder del pensamiento positivo", no volvería a fijarse en los aspectos negativos nunca más. [1]

ENTONCES, ¿CÓMO PUEDO LOGRAR QUE MIS PADRES EXPRESEN CUANDO SE DEN CUENTA DE QUE HICE ALGO BIEN?

---

[1]. *The Power of Positive Thinking* es un libro muy especial que a todo mundo le convendría leer. Lo escribió el Dr. Norman Vincent Peale, un ministro, a mitad del siglo pasado. Creo que pueden sacar elementos muy valiosos de este pequeño libro, a pesar de que se escribió hace más de 50 años. No importa si comparten el punto de vista religioso del Dr. Peale. Está disponible en muchas librerías y se puede comprar también a través de Internet.

Diciendo algo cuando los veas hacer algo bien.

Siempre recuerda: "Lo que se siembra se cosecha".

Si les hicieras a tus padres un comentario cada vez que hicieran algo correcto, algo buena onda, algo que te beneficia, o algo útil para ti, los pondrías en *shock*. Pero además, también abrirías las puertas para recibir ese mismo tipo de estímulos de su parte. Incluso podrías diseñar una calcomanía para la salpicadera, que dijera: "Si ves algo bueno, di algo bueno".

Implementar esta corta frase podría cambiar al mundo.

¿POR QUÉ SIEMPRE TENGO QUE DAR YO EL PRIMER PASO? ¿POR QUÉ NO LO PUEDEN HACER ELLOS SIN QUE YO LES DÉ EL EJEMPLO?

Ésa es una pregunta justa que también me da la oportunidad de exponer otra información muy valiosa. Gracias por hacerla.

Siempre recuerda "Dale a los otros lo que busques en ellos. Ayuda a otros a experimentar aquello que tú también quieres experimentar".

O SEA QUE ¿SI QUIERO OBTENER ALGO, TENGO QUE PROPORCIONARLO ANTES?

No, no tienes que hacerlo, sólo que ésa es la forma más rápida de lograrlo. Es la forma más eficaz de aplicar el poder de la creación.

NO ENTIENDO. ¿CÓMO PUEDO CREAR ALGO EN MI VIDA SI MÁS BIEN LO ESTOY REGALANDO?

Para empezar, lo que siembras es lo que cosechas. Ya te lo había dicho. Entonces, lo que les des a los demás volverá a ti y, por lo general, volverá multiplicado.

¡ENTONCES ES POR ESO QUE DICES "TRATA A LOS DEMÁS COMO TE GUSTARÍA QUE TE TRATARAN"!

¡Sí!, es más que sólo un buen dicho. Es lo que en verdad sucede. Tarde o temprano, los demás te tratarán como tú los trates. Es la ley de la respuesta máxima. No tiene nada que ver con castigos ni premios, es sólo la forma en que funcionan las cosas. Así sucede con todo. La vida es un búmeran, y lo que lances es lo que vuelve a ti. Es algo inevitable.

Es por eso que ahora te brindo el mejor mensaje que podría darte en estos años de tu adolescencia como un paso a tu etapa adulta: "Dales a los otros lo que busques en ellos. Bríndale al mundo lo que esperas de él. Dale a la vida lo que esperas que ella te dé".

Si quieres recibir buenas vibraciones, ¡envía las mejores que tú tengas!

Conviértete en la fuente de aquello que esperas recibir.

¿PERO QUÉ ESTO NO CONTRADICE LO QUE DIJISTE SOBRE NUNCA HACER ALGO PARA COMPLACER A OTROS?

No. Lo que yo dije fue que lo que hagas por otros no deberás hacerlo para complacerlos a ellos, sino para complacerte a ti. También dije que, para detectar con precisión la forma en que esa acción te complace, debes encontrar cuál es el interés que tú y los receptores de tus acciones tienen en común.

Cuando reconoces el interés en común, entonces puedes ver con claridad por qué lo que haces para alguien más, en realidad lo estás haciendo para ti. Y eso, de manera muy particular, incluye que trates a los demás de la forma en que te gustaría que te trataran.

¿PERO CÓMO PUEDO BRINDAR ALGO QUE NO TENGO? SI NECESITO MÁS DINERO, ¿CÓMO PUEDO OBTENERLO SI TENGO QUE REGALARLO?

Recuerda que la idea de que no tienes suficiente dinero en realidad es un engaño. Puede parecer que no tienes suficiente pero, en la realidad más importante, sí lo tienes. Para experimentar esta vivencia, primero encuentra a alguien que tenga menos de aquello que tú deseas tener. Ahora, dale a esa persona algo de lo "poquito" que crees tener. De inmediato sentirás que siempre tuviste suficiente. De hecho, sentirás que tenías tanto, que pudiste regalarlo. En ese momento, cambiarás tu vida. Modificarás tu realidad.

Este cambio de "no suficiente" a "suficiente" transformará la forma en que percibas la experiencia de ti mismo y, por tanto, también cambiará la manera en que generes esa experiencia. Porque… lo que PIENSES lo puedes CREAR.

Entonces, regresando a tu pregunta, la que inició todo esto, si crees que no estás recibiendo toda la buena vibra que se produce cuando tus padres notan que haces algo bien y te lo dicen, entonces, bríndales a ellos suficiente de esa buena vibra, notando cuando hagan algo bien y haciéndoselos saber.

En ese momento surgirá la magia. Para empezar, te sentirás bien de inmediato. Sólo bastará que te des cuenta lo bien que les cae que hagas esto. En segundo lugar, habrás invocado la ley de la respuesta máxima, y ellos comenzarán a notar tus aciertos.

💬 **CON FRECUENCIA ESCUCHO QUE "LO QUE SIEMBRAS LO COSECHAS", PERO ESO NO SIEMPRE ES CIERTO. YO TRATO A MUCHA GENTE DE CIERTA FORMA Y ELLOS NO HACEN LO MISMO CONMIGO** (TOMAS, 18 AÑOS, CAPE TOWN, SUDÁFRICA).

Estoy de acuerdo en que a veces sucede eso. No siempre puedes esperar recibir de una persona lo mismo que tú le brindas.

OKEEEEEEY, ENTONCES, AHORA SÍ ESTOY TOTALMENTE CONFUNDIDO. PENSÉ QUE HABÍAS DICHO QUE "LO QUE SIEMBRAS LO COSECHAS".

Sí, eso dije, pero nunca mencioné en qué lugar lo cosechas.

Todo lo que le des a la vida, ella te lo regresará. Sin embargo, las acciones no siempre volverán a ti desde el lugar o la persona a quien se las brindaste. A veces sí provienen de ahí, pero no siempre. Lo que va a suceder es que esas acciones volverán a ti de algún otro lugar o persona. Tarde o temprano va a suceder así. Si observas la vida con suficiente atención, podrás ver cómo funciona esta ley.

¿PERO POR QUÉ NO PUEDE VOLVER DE LA PERSONA A QUIEN SE LO BRINDÉ? EL AMOR, POR EJEMPLO, ¿POR QUÉ LA GENTE A LA QUE AMO NO PUEDE CORRESPONDERME?

Esta ley no funciona de esa manera. Sería muy fácil manipular a los demás si así fuera. Además, la razón por la que quieres que los otros te amen no es sólo porque tú los amas. Créeme: no quieres que la gente te ame a cambio de lo que le des a ella, quieres que te ame como una respuesta y una reacción honesta a tu forma de ser en el mundo, sin importar si haces algo específico o no.

Por tanto, no caigas en la trampa de tratar a alguien bien sólo para que te trate bien porque, si no tienes cuidado, eso terminaría siendo manipulación. Trata bien a los demás sólo porque ésa es tu forma de ser y porque es de esa forma que tú eliges ser.

De este lugar, de tu SER (sí, aquí vamos de nuevo), es de donde surge la realidad que creas. Esto será así por los siglos de los siglos.

¿POR QUÉ LOS PADRES SIEMPRE TIENEN QUE ACTUAR COMO "PADRES"? ¿POR QUÉ NO PUEDEN SOLTARSE EL PELO UN POQUITO? ANOCHE SORPRENDÍ A MIS PAPÁS "FAJANDO", Y HAZ DE CUENTA QUE LOS HUBIERA ENCONTRADO ROBANDO UN BANCO O ALGO ASÍ (TAMMY, 13 AÑOS).

A veces los padres sienten que deben reflejar cierta imagen a sus hijos, y ponerse románticos o tener algún tipo de flirteo sexual frente a ellos, no es parte de esa imagen. Sin embargo, sí lo es. Todo depende de lo que tus padres opinen sobre estos temas y sobre lo que les interesa que tú opines al respecto.

Si ellos quisieran que tú disfrutaras de estas situaciones, entonces te permitirían verlos a ellos disfrutarlas. Si desearan que te sintieras cómodo, te permitirían verlos sintiéndose cómodos.

Los padres que actúan como "padres" lo hacen porque creen que "así se supone" que deben actuar frente a sus hijos. A pesar de ello, a los chicos rara vez se les puede engañar. Ellos se dan cuenta de que sus padres traen puesta "la ropa nueva del emperador".

¿Y ESO QUÉ SIGNIFICA?

¡Pregúntales a ellos!

CUANDO SEA MADRE, ¿VOY A CAER EN LOS MISMOS ERRORES QUE COMETEN LOS PADRES DE AHORA? ¿HARÉ LO MISMO A PESAR DE

QUE AHORA ODIO LAS COSAS QUE ELLOS HACEN? TE LO PREGUNTO PORQUE MIS PADRES DICEN QUE ASÍ SERÁ. NO DEJAN DE REPETIR: "CUANDO TENGAS HIJOS VERÁS LAS COSAS DE UNA MANERA MUY DIFERENTE". ¿ASÍ SERÁ? ESPERO QUE NO. (SANDRA, 15 AÑOS, KNOXVILLE, TENNESSEE)

Sin duda alguna, en ese momento verás las cosas desde una perspectiva diferente. Todos los días ves las cosas de diferente manera: a eso se le llama crecimiento, cambio, evolución. Es algo que desearás que suceda. Sin embargo, no significa que actuarás de la misma forma que lo hacen tus padres ahora.

Tal vez lo hagas, tal vez no. Lo harás a menos de que… no lo hagas. La idea que tengas sobre ti misma será lo que te conducirá a actuar de una manera u otra. Te estás definiendo a cada momento, decidiendo quién eres y quién quieres ser.

La mayoría de la gente no ve la vida de esta forma, la mayoría no se considera parte activa de este proceso. Las cosas cambian por completo cuando te conviertes en parte activa.

Tú puedes comenzar a decidir desde este momento lo que significa para ti eso que se llama "ser padre". ¿Vas a escoger tener una amistad genuina con tus hijos? ¿Vas a permitirles acercarse a ti cuando tengan problemas? ¿O cuando quieran pedirte un favor o consejo?

Todo lo que tus padres te brindaron fue un obsequio. No sólo aquellos rasgos que quieres imitar, también los que quieres eliminar. No sólo los buenos recuerdos, también los momentos que deseas olvidar. No sólo lo que te hizo reír, también lo que te hizo llorar.

Todo eso es un tesoro, todo. Y de todo ese bagaje vas a recoger cosas, a escoger y seleccionar. De ese tesoro es de donde sacarás todo eso que quieras que sea tú.

No sólo pasa así con lo que te dieron tus padres, también con todo lo que la vida te ofrece.

16

El futuro

💬 ¿PROSPERARÉ CUANDO SEA MAYOR? ¿TENDRÉ QUE LUCHAR?
(WALTER, 14 AÑOS, ASHLAND, OREGON)

💬 ¿ME PUEDES MOSTRAR UN POCO DE LO QUE ME ESPERA EN EL
FUTURO? (JEANNE, 15 AÑOS)

Jeanne, Walter: yo no soy quien está creando su futuro, son ustedes.

Los jóvenes no dejan de preguntarme, "Dios, ¿qué me depara el futuro?".
Y siempre respondo: "No lo sé. ¿Qué te depara el futuro?"; y me responden:
"¡Pero se supone que tú lo sabes!" Y contesto: "¡Pero se supone que tú lo sabes!"
Y ellos insisten: "¡Pero tú tienes el poder de decidir!" Y yo les contesto: "¡Pero tú
tienes el poder de decidir!"

Como verán, la vida funciona así. Ustedes deciden y eligen, y yo hago que
suceda. No al revés.

El problema es que creen que es al revés. Creen que yo decido y elijo, y que es obligación de ustedes hacer que suceda. Toda esta visión equivocada sobre la relación entre Dios y los humanos es lo que ha dado paso a la experiencia distorsionada y retorcida que tienen en su planeta.

¿ENTONCES ME ESTÁS DICIENDO QUE PUEDO TENER LO QUE YO QUIERA?

No, Dios dice que no puedes tener lo que tú quieras.

¿QUÉ?

Dije que no puedes tener lo que tú quieras, y entre más lo desees, menos oportunidades tendrás de obtenerlo.

¿Y AHORA DE QUÉ HABLAS?

Así es el proceso de creación. ¿Recuerdas lo que dije sobre cómo crear tu realidad? Lo haces con tus pensamientos, palabras y obras. Pero, si estás pensando: "Quiero encontrar una pareja para mi mamá y un padre para mí", entonces lo único que conseguirás será la experiencia de "quererlo".

¿POR QUÉ? ¿A QUÉ TE REFIERES?

Quiero decir que lo que digas sucederá. Al principio, fue el verbo, y después el verbo se hizo carne.

¡HOMBRE, VAYA QUE ME CONFUNDES!

Lo que PIENSAS es lo que creas. Lo que DICES es lo que CREAS, lo que HACES es lo que creas.

Si PIENSAS que quieres tal y tal cosa, si DICES que quieres tal y tal cosa, y si ACTÚAS como si quisieras tal y tal cosa, entonces lo único que vas a crear será la experiencia de QUERERLA.

Recuerda que las palabras YO y YO SOY son las llaves que encienden el motor de la creación. Cualquier otra cosa que venga después del YO o del YO SOY vendrá a ti a través de tu experiencia.

Si dices "Yo quiero algo…", entonces ésa será la experiencia. Tendrás la experiencia de quererlo.

Por tanto, debes tener cuidado con tus pensamientos, palabras y obras, y asegurarte de que en verdad reflejen lo que decides experimentar en la vida.

¿QUIERES DECIR QUE TENGO QUE CUIDAR CADA UNA DE MIS PALABRAS?

No, eso volvería loco a cualquiera. Pero valdría la pena que comenzaras a cuidar la forma en que, por lo general, piensas en las cosas que dices con frecuencia, y en la manera en que usualmente actúas.

Como ya lo mencioné, pensar, hablar y actuar de cierta manera continuamente produce una enorme cantidad de vibraciones. Y estas vibraciones son las que crean tu realidad. [1]

¿LA TIERRA SE VA A IR DE LADO, SE VA A CAER AL MAR DEBIDO A ALGÚN TERREMOTO GIGANTESCO O ALGO ASÍ? TODA LA GENTE HABLA SOBRE ESAS COSAS. (GINA, 14 AÑOS, SAN DIEGO, CALIFORNIA)

Deja de hablar de eso, Gina. Comienza a hablar de lo bella que va a ser la Tierra en el futuro. Después, si así lo deseas, comienza a hacer algo al respecto.

YO NO TENGO PLANES PARA DESTRUIR EL PLANETA. ¿TÚ SÍ?

Motiva a tus mayores a cuidar el ambiente. Pídeles que verifiquen la temperatura global de tu planeta y que tomen las medidas necesarias para mantenerla dentro del rango que le ha permitido ser un paraíso hasta ahora. Suplícales que dejen de arrojar químicos a la atmósfera, esos que producen los agujeros en la capa protectora que cubre a la Tierra.

---

1. *Excuse Me, Your LIFE is Waiting* es un libro increíble y fresco. Es muy fácil de leer y disfrutar. La escritora Lynn Grabhorn habla en él precisamente sobre este tema. Te ofrece herramientas para modificar tu forma de pensar y tu vida. Te va a encantar.

Pídeles a los adultos que no dependan de los combustibles fósiles y que ya no contaminen la atmósfera. No tienen que hacerlo. Existen maneras de producir energía sin realizar este daño.

Presiónalos para que cuiden los bosques, que dejen de deforestarlos sólo para poder leer el periódico dominical. Ustedes pueden sembrar una pequeña planta en la tierra, una planta que les proveerá todo el papel que quieran o necesiten.

También pueden construir casas con otros materiales que no sean madera. La generación de adultos que gobierna tu planeta está destruyendo el sistema de autoproducción y purificación de oxígeno sin razón alguna.

Pídele a la generación de los mayores que mantenga el agua pura y no use tanta. Denle a la Tierra la oportunidad de volver a abastecerse a sí misma. Le están causando demasiado estrés a sus sistemas naturales. No tienen por qué hacerlo.

Ya casi acabaron con su capa de tierra fértil, una tierra muy rica en nutrientes. Las corporaciones agrícolas se niegan a hacer rotación de siembra o a permitir que los campos se reconstituyan. Le ponen químicos al suelo para tratar de realizar el trabajo que le corresponde a la naturaleza. Los humanos se están inundando de químicos y eso los hará perecer.

ENTONCES "EL DÍA DEL JUICIO FINAL" ESTÁ A LA VUELTA DE LA ESQUINA, ¿ES ESO LO QUE ESTÁS TRATANDO DE DECIR?

No, a menos de que ustedes decidan que así es. Su especie está tomando esa decisión en este preciso momento, lo hacen en cada una de las mil y una acciones que llevan a cabo diariamente.

Las buenas noticias son que, entre más crezcan ustedes, los jóvenes, mayor será su injerencia en esas decisiones. En pocas palabras, tu voz es la voz que puede cambiar al mundo.

NO HAS DEJADO DE MENCIONAR ESO DE "CAMBIAR AL MUNDO". TODAVÍA NO EMPIEZO A HACERLO Y ¡YA ME SIENTO CANSADO! ¿QUÉ NO VA A LLEGAR EL MOMENTO EN QUE ME PUEDA RELAJAR? ¿NO PODEMOS DESCANSAR UN RATO ANTES DE COMENZAR A SOLUCIONAR TODO LO QUE ESTÁ MAL?

¡Ésa es una excelente pregunta! Y la respuesta es ¡sí! No sólo puedes descansar un rato antes de comenzar a enfrentar los problemas y desafíos del mundo, ¡también te puedes relajar al tiempo que lo haces!

La relajación es parte primordial de esta mezcla, y me alegra que lo hayas mencionado. No tienes que entrar "al mañana" cargando todo el peso del mundo sobre tus hombros. De hecho, eso no le servirá a nadie.

¡Diviértete con la vida!

¡Diviértete! Contagia el gozo. ¡Comparte el amor!

Ése es el sendero de los tres caminos:

Diviértete. Contagia el gozo. Comparte el amor.

Es la misión tripartita.

Diviértete. Contagia el gozo. Comparte el amor.

Es la corona triple de la raza humana.

17

El sufrimiento y la muerte

💬 **¿POR QUÉ TIENE QUE SUFRIR TANTA GENTE SI TÚ TIENES EL PODER DE HACER FELIZ A TODOS?** (ERIC, 13 AÑOS)

Mi querido Eric, esta pregunta me la han hecho desde que se creó el mundo. La gente continúa haciéndola porque las respuestas que ha recibido no son lógicas. Eric, a la raza humana le han dicho que el sufrimiento es algo bueno. Algunos maestros incluso han llegado a aseverar que yo exijo que ustedes sufran, que el sufrimiento les ayuda a "pagar por sus pecados", o que pueden "ofrecer" su sufrimiento por las "pobres almas que están en el purgatorio", es decir, que si ustedes se atormentaran durante más tiempo, yo liberaría a sus ancestros de su tormento antes.

Esta última enseñanza es particularmente triste. Me retrata como un Dios perturbado, traicionero e insaciable que alimentaría tu ira, y la recibiría como un soborno para dejar salir "bajo fianza" a tus seres queridos. Un Dios que diría:

"Puedes terminar su sufrimiento con el tuyo, pero, de todas formas, alguien va a tener que sufrir".

Esta noción es completamente opuesta a lo que imaginas que sería un Dios amoroso y cuidadoso, y sin embargo, una de las más poderosas religiones que tienen ustedes la ha difundido durante siglos.

Ésta y otras creencias han provocado que la gente soporte agonías terribles sin necesidad. Yo no quiero que la gente sufra. Pero no puedo impedir que los seres humanos hagan lo que hacen porque les he dado la opción de crear y experimentar sus vidas como lo deseen. Si yo los despojara del libre albedrío y sólo les dijera cómo van a ser las cosas "de ahora en adelante", frustraría el propósito de la vida misma.

El propósito ya se explicó varias veces: brindarle a cada alma humana la oportunidad de experimentarse a sí misma en todo su esplendor, crear en libertad las condiciones que le permitirán hacerlo.

Ahora, sólo para aclarar las cosas, yo nunca dije que el sufrimiento fuera bueno y, ciertamente, nunca sugerí que ustedes deberían exigirse más sufrimiento; de la misma forma que ustedes no les exigirían a sus animales sufrir ante un dolor implacable.

EL VERANO PASADO PUSIMOS A DORMIR A NUESTRA GATA PORQUE ESTABA ENFERMA. EL VETERINARIO DIJO QUE ESTABA SUFRIENDO DEMASIADO Y QUE ESO ERA LO MÁS HUMANO QUE PODÍAMOS HACER. ¿POR QUÉ NOS PERMITES HACER ESO CON LOS ANIMALES, PERO SI LO HACEMOS CON OTROS HUMANOS NOS MANDAS AL INFIERNO? (MARSHA, 13 AÑOS, BIRMINGHAM, ALABAMA)

Marsha, yo no envío a nadie al Infierno, ni por esta razón ni por ninguna otra. Acabas de señalar una contradicción que revela la confusión que tiene la raza humana respecto a la experiencia del sufrimiento.

Por supuesto, no tiene ningún sentido tratar a la gatita con más humanidad que a tu abuela. La lógica te indica que ningún ser vivo debería sufrir sin razón.

¿ESO SIGNIFICA QUE ES CORRECTO AYUDAR A ALGUIEN A MORIR PORQUE ESTÁ ENFERMO?

Los doctores lo hacen todo el tiempo, sólo que no se lo dicen a la gente. Las familias lo solicitan con discreción y, en algunos casos, los mismos familiares son quienes lo hacen. Entonces, queda claro que hay algunas circunstancias en las que los seres humanos han llegado a sentir que eso es lo correcto. Pero tú debes estar consciente de que, en la mayoría de los lugares, las leyes lo prohíben, por lo que podrías terminar en la cárcel si lo haces.

¿POR QUÉ HACEMOS LEYES TAN TONTAS? (ENRIQUE, 15 AÑOS, CIUDAD DE MÉXICO)

Nunca se ha exigido que las leyes humanas ni las teologías sean lógicas. Una de las formas en que los jóvenes podrían hacer una verdadera diferencia en el mundo sería trabajar para modificar las leyes que no son lógicas.

PERO SI ERES TAN PODEROSO, ¿POR QUÉ NO ELIMINAS EL SUFRIMIENTO PARA SIEMPRE? ¿POR QUÉ NO SÓLO ACABAS CON LA POSIBILIDAD DE QUE EL SUFRIMIENTO SEA UNA EXPERIENCIA HUMANA? (BRAD, 15 AÑOS)

Brad, yo les brindé las herramientas para lograr eso. Pero los seres humanos tienen libre albedrío y, hasta ahora, han decidido no usar dichas herramientas.

Los humanos han creado la mayoría de las condiciones de tu planeta que provocan el sufrimiento de la gente. De la misma manera, los seres humanos podrían "eliminarlas", sólo que se niegan a hacerlo.

Un enorme porcentaje de las enfermedades humanas, de hecho casi todas, se pueden prevenir con tan sólo modificar el comportamiento de las personas.

Todas las muertes que son producto de los desacuerdos y las guerras humanas también se pueden prevenir si se modificaran las creencias.

Incluso, la mayoría de los accidentes se podrían prevenir con un cambio de creencias y comportamientos.

El estrés emocional, la preocupación, el temor, la culpa, la depresión y la angustia mental, de igual forma se pueden prevenir, lo único que se necesita es modificar el comportamiento humano.

¿ME PUEDES DAR ALGUNOS EJEMPLOS?

Por ejemplo, la gente podría dejar de fumar y, como resultado, evitaría millones de horas de sufrimiento y miles de muertes al año.

La gente podría dejar de comer carne de animales muertos, con el mismo resultado.

La gente podría evitar que fuera tan fácil obtener armas e impedir que las drogas estuvieran disponibles en cada esquina, con el mismo resultado.

La gente podría dejar de arrojar sustancias químicas a los ríos y los arroyos, de liberar gases tóxicos en el aire, de cortar millones de árboles –muchos de ellos con una antigüedad irremplazable– y dejar de agotar los recursos de la Tierra a una velocidad mayor de la que ésta puede renovarlos.

La gente podría decidir –tan sólo decidir– que, sin importar sus desacuerdos individuales, nacionales o internacionales, no se matará para solucionarlos, sino que encontrará otra manera de resolver los problemas.

La gente podría decidir dejar de vivir con secretos, mentiras e hipocresía, y comenzar a decir la verdad.

La gente podría marcar un nuevo límite para su vida, cambiar sus prioridades, ampliar su definición del ser, y profundizar en su comprensión del amor.

La gente podría hacer todo esto y mucho más.

¿POR QUÉ NO LO HACE? ¿POR QUÉ DEMONIOS LA GENTE NO HACE TODO ESO?

Por la ganancia a corto plazo. La gente no quiere renunciar a su ganancia inmediata. No importa si se trata de placer o de ganancias a corto plazo: la gente no está dispuesta a renunciar. En este aspecto los seres humanos son demasiado ciegos, no pueden ver ni identificar el daño que a la larga se están causando a sí mismos y a los demás.

OYE, NADA DE ESTO SUENA MUY ESPERANZADOR, Y TÚ DIJISTE QUE ESTE LIBRO LLEGÓ A MÍ PARA DECIRME QUE LA DESESPERANZA HABÍA LLEGADO A SU FIN. NO ENTIENDO.

Las condiciones y las circunstancias que provocan el dolor del mundo son reversibles. Lo único que tiene que hacer la sociedad en que vives es modificar sus creencias y luego, sus comportamientos. Ahí es donde entra la esperanza.

Ustedes son "la sociedad del mañana", y con todas las herramientas que les he brindado, pueden crear un mundo más nuevo, si así lo decidieran. [1]

La tendencia a buscar las recompensas a corto plazo y cerrar los ojos ante las consecuencias en un futuro es el primer comportamiento que he invitado a los humanos a cambiar.

Si detectas que estás mostrando este comportamiento, entonces puedes comenzar a cambiarlo, si quieres. Ni siquiera tienes que esperar a ser mayor. Desde este momento puedes crear nuevos comportamientos para que, en algunos meses, cuando estés listo para pasar a una etapa más grande de la vida, tengas la preparación necesaria para desempeñar tu papel.

¿CON QUÉ PUEDO COMENZAR?

Cuando estés eligiendo algo o tomando una decisión, reflexiona sobre cómo te sientes al mirar un poco más adelante en el camino. Pregúntate qué es lo que te gustaría vivir en el futuro y qué necesitas para cumplir esa intención.

Por ejemplo, si crees que te haría feliz acabar la escuela sin enfrentar tanta frustración, molestias y preocupaciones, entonces, ¿en verdad te resulta útil postergar esa tarea o saltarte aquella clase sólo porque quieres hacer otra cosa en este momento?

Si crees que serías feliz viviendo la vida sin una gran cantidad de complicaciones de salud o de desafíos y dificultades emocionales, entonces, ¿en verdad te va a servir de algo probar esa droga o abusar del alcohol y de tu cuerpo sólo porque, en este momento, crees que se sentiría bien?

Lo que estás haciendo ahora es crear tu vida y, por tanto, puedes hacer lo que quieras. No obstante, debes considerar el hecho de que no sólo estás creando este segundo, este minuto, esta hora. Estás creando las partes del resto de tu vida, justo ahora, en este momento, en estos días, en este tiempo.

Siempre recuerda: "El impacto de las decisiones que se toman en determinado momento, rara vez se limita al instante en que éstas fueron tomadas".

---

[1]. Youth for Environmental Sanity (YES) es una organización sin fines de lucro que educa, inspira y le da a la gente joven el poder para unirse a la justicia social y a la sanidad ambiental. La juventud se encuentra en el umbral de su vida, los jóvenes tienen que tomar decisiones que tendrán efectos insospechados. Algunos creen que crecer significa abandonar sus ideales. Para esta organización, crecer significa aprender a vivir cotidianamente en la Tierra, con los ideales más nobles. YES cree que si la pasión, creatividad y el compromiso de la juventud se libera para el bien común, se podría transformar al mundo (www.yesworld.org).

Dicho de otra forma: con frecuencia, estás tomando una decisión más importante de lo que crees. Claro que esto no significa que deberías convertirte en un ratoncito desconfiado y súper precavido. Quiere decir que estás invitado a reflexionar con cuidado todos los resultados potenciales de las decisiones que tomes. Eso incluye los resultados que podrían presentarse más adelante en el futuro.

Los adultos de hoy no siempre han actuado así. De hecho, rara vez lo hacen. Pero, trata de no ser muy duro con ellos porque la mayor parte de los seres humanos han vivido un engaño.

La información sobre la verdadera naturaleza de la vida y sobre el papel que todos desempeñan en ella no había estado disponible en términos sencillos, claros y fáciles de entender, sino hasta hace muy poco tiempo.

¿CUÁNDO TERMINARÁ EL SUFRIMIENTO HUMANO? (WESLEY, 16 AÑOS)

Cuando los humanos modifiquen sus comportamientos, Wesley. Y cuando entiendan que la experiencia del sufrimiento en sí misma la están creando ellos mismos.

En este preciso momento, se podría sanar el sufrimiento provocado por todas las enfermedades.

¿EN SERIO?

Sí. No todas las enfermedades son curables, pero el sufrimiento sí podría sanarse.

¿SON COSAS DIFERENTES?

Sí. Sanar significa cambiar una enfermedad, la sanación es un cambio en la forma en que se vive la enfermedad.

Por ejemplo, puedes tener un dolor de cabeza y cambiar la forma en que lo estás viviendo, sin cambiar el hecho de que aún lo tienes.

Ya lo has hecho antes, sólo tienes que decidir que tener un dolor de cabeza no va interferir con una actividad que quieres realizar y, entonces, vas y llevas a cabo tu actividad con o sin dolor de cabeza. En poco tiempo te darás cuenta de que aún tienes el dolor, pero ya no estás sufriendo por eso. A esto es a lo que me refiero cuando digo "sanar sin curar".

En muchos casos, este tipo de sanación produce una cura. El dolor de cabeza desaparece de manera espontánea. Éste es un ejemplo muy sencillo porque es un suceso bastante común. Los seres humanos han aplicado este proceso en enfermedades mucho más serias que un simple dolor de cabeza. A ese tipo de sanación se le llama bendición, y a su cura se le llama milagro.

El dolor y el sufrimiento son cosas distintas. El dolor es una experiencia física o emocional; el sufrimiento es el punto de vista que adoptes al respecto.

NO ENTIENDO, ¿ESO QUÉ SIGNIFICA?

Significa que una persona puede experimentar dolor sin tener que sufrir. El dolor es algo que sientes, el sufrimiento es sólo una etiqueta que le adhieres al dolor.

¿ACASO ME ESTOY VOLVIENDO LOCO? A VER, ¿CONOCES A ALGUIEN QUE TENGA DOLOR PERO QUE NO SUFRA?

No, no te estás volviendo loco. Tu pregunta es muy buena, tanto como la respuesta.

Hay mucha gente que tiene dolor sin experimentar sufrimiento. Un buen ejemplo son las madres que dan a luz. Muchas de las madres que dan a luz no sólo no sufren durante el proceso, también reciben con alegría cualquier dolor que pueda llegar y se regodean en él.

Muchas personas que tienen algún dolor crónico (es decir, un tipo de dolor que está presente todos los días), producto de una lesión o enfermedad, han aprendido a vivir sin sufrimiento. Algunas de ellas están tan agradecidas de estar vivas que han podido alcanzar un nivel en el que pueden controlar un dolor que otros considerarían intolerable.

Hay otras instancias en las que el dolor físico no produce sufrimiento necesariamente. Puede ser doloroso que te saquen un diente pero, por otra parte, sacarlo podría aliviar el sufrimiento. Éste sólo es un ejemplo, pero hay muchos más.

En cuanto al dolor emocional, te puedo decir que un creciente número de seres humanos ha descubierto que podría ser un camino hacia la sanación y, por tanto, no debe ser una fuente de sufrimiento, sino de madurez. El luto es un ejemplo, también lo es la ira que se puede expresar de manera segura y apropiada sin poner en peligro a otros.

Así pues, el dolor y el sufrimiento son cosas distintas. Si tienes dolor y quieres que el sufrimiento termine, entonces cambia tu punto de vista respecto al propósito que tiene el dolor en ese momento. Aprovecha tu dolor, considéralo una herramienta con la que puedes moldear tu experiencia.

💬 TENGO MUCHAS DUDAS. MENCIONASTE QUE PODÍA HACERTE UNA PREGUNTA, PERO EN REALIDAD, TENGO MUCHAS. AQUÍ ESTÁN ALGUNAS: ¿POR QUÉ MUERE LA GENTE? ¿ESTAMOS VIVIENDO EN EL INFIERNO? ¿ES MI VIDA EL SUEÑO DE ALGUIEN MÁS? ¿CÓMO ES EL CIELO? ¿POR QUÉ NO PUEDEN LAS PERSONAS VIVIR POR SIEMPRE? (ANDREA, 17 AÑOS)

¡Ja! ¡Gracias, Andrea, gracias por "lanzarte" de esa forma! Vamos a revisar tus preguntas una por una.

Andrea, la gente no muere, sólo cambia de forma. Por algún tiempo, la gente existe en la apariencia que ustedes denominan "ser humano". Luego, toma la forma que ustedes han denominado, "espíritu". Las personas pueden tomar la forma humana en cualquier momento que deseen. También pueden adquirir otros aspectos.

Todos ustedes son seres divinos y se pasan la eternidad tomando una forma u otra. Son seres en formación o, para decirlo de otra manera, ustedes son la información de Dios.

Pero, ¿por qué lo hacen? ¿Por qué las personas hacen eso a lo que ustedes llaman "morir"? Porque todo lo vivo tiene un ciclo y los seres humanos también, como todo lo demás.

Incluso si no creyeran que "tienen que" dejar su cuerpo presente (y, por cierto, no lo tienen que hacer), terminarían haciéndolo y volviendo al espíritu. Sería así porque la naturaleza de la vida es unirse al Todo lo que Es, a la Unidad (a lo que ustedes denominan Dios), y surgir de ella como una versión individual de ésta, para luego volver de nuevo a la Unidad, y repetir el ciclo una y otra vez por toda la eternidad.

¿QUIERES DECIR QUE NO SE ACABA NUNCA? ¿QUE JAMÁS VOY A LOGRAR "ESTAR CON DIOS POR SIEMPRE"?

Lo mejor para ti es que "no se acabe nunca" porque, si se acabara, la vida también llegaría a su fin. Porque éste es el ciclo de la vida misma. La vida es la inhalación y la exhalación de Dios.

Así como la Luna gira alrededor de la Tierra, y la Tierra alrededor del Sol, todo lo vivo gira, entrando y saliendo, alrededor de la Unidad.

¿POR QUÉ?

No es posible tener la experiencia de ser algo, a menos de que también exista la experiencia contraria. No puedes señalar que eres alta, a menos de que exista el contrario: "bajita"; tampoco puedes sentir "calor" a menos de que exista el "frío". ¿Me comprendes?

Si nunca tuvieras "frío", no podrías saber lo que se siente tener "calor". De hecho, si siempre hubiera la misma temperatura, todas las horas, de todos los días, de todo el tiempo, ni siquiera podrías entender lo que significa "temperatura". La experiencia misma de la temperatura desaparecería.

De manera similar, si no existiera otra cosa que no fuera Dios, la experiencia de Dios también desaparecería. Si experimentaras de manera permanente tu integración con el Todo lo que Es, con la Unidad, jamás podrías entender lo que significa REunirse con ella porque nunca podrías separarte. Tu alma forma parte de Dios e intuye todo lo que te acabo de explicar, por eso, va a continuar entrando y saliendo cíclicamente de la experiencia de integrarse a la Unidad.

Tu alma se convertirá en Una con el Todo y luego nacerá de manera individual como una Parte de ese Todo. Estará conectada a él pero separada, así como tu mano está conectada a tus dedos de los pies: son parte del mismo cuerpo pero están separados.

A esto me refería cuando mencioné que se puede nacer otra vez. Nacerás muchas veces más.

Respondiendo a tu otra pregunta, no, no estás viviendo en el Infierno. El Infierno no existe, sin embargo sí puedes crear el engaño de que existe y, por cierto, podrías llegar a experimentarlo "endemoniadamente".

El Infierno es la experiencia de olvidar quién eres en realidad. Es pensar que te has apartado de mí para siempre. El Infierno es pensar que no vales la pena, que no eres amada y que nadie te amará. El Infierno es pensar que eres inútil, tonta e innecesaria. Por supuesto, tú no eres nada de lo que acabo de mencionar. El Infierno es olvidar quién eres en realidad.

Existe una manera segura de recordar quiénes son ustedes. Sólo tienen que recordarles a otros quiénes son ellos. Si todos ustedes se recuerdan quiénes son los unos a los otros, entonces nadie lo olvidará.

Esto es parte de la labor que, si así lo decidieras, podrías llevar a cabo mientras estás en la Tierra. Es una labor maravillosa, es divertida, llena de alegría y de amor.

¿CÓMO PUEDO HACERLO? ¿CÓMO PUEDO RECORDARLES A LOS DEMÁS "QUIÉNES SON EN REALIDAD"?

Es tan sencillo que te vas a sorprender: puedes hacerlo con una sonrisa, con una palabra amable, con una expresión de amor.

Con estas pequeñas acciones (que en realidad pueden convertirse en obsequios enormes) les puedes recordar a los otros quiénes son. Les puedes hacer recordar aquella maravillosa idea de quiénes son. Puedes restituir su poder, su poder original.

Me preguntaste cómo es el Cielo, y ésta es la mejor forma de describirlo. El Cielo, como lugar, no existe. El Cielo es un estado mental, es la experiencia de nuestra unicidad con el Todo lo que Es, es la conciencia de que somos eso, a pesar de no haberlo experimentado.

También me preguntaste si tu vida es el sueño de alguien más. Es una pregunta muy interesante. La respuesta es sí: tu vida es tu propio sueño.

La vida que estás viviendo es un sueño, una ilusión. Cuando haces eso a lo que llamas "morir", lo que en realidad estás haciendo es "despertar" del sueño, salir de la ilusión y entrar a la "realidad máxima", a la que llamas Cielo. La realidad máxima es un lugar de la conciencia, no un sitio físico.

Y ahora, en respuesta a tu última pregunta, SÍ, las personas SÍ "viven por siempre". La vida es eterna y la "muerte" es sólo un horizonte. Lo sabrás al morir.

¿POR QUÉ Y CÓMO ESCOGES CUÁNDO VA A MORIR ALGUIEN? CUANDO YO ERA MÁS PEQUEÑA, MI PADRE MURIÓ REPENTINAMENTE Y NUNCA PUDE ENTENDER POR QUÉ. (VICTORIA, 14 AÑOS)

Victoria, Dios no escoge cuándo va a morir la gente. Yo no decidí que tu padre muriera siendo tú muy pequeña. Tú padre murió en ese momento porque ése era el siguiente paso que tenía que dar en la travesía de su alma.

En el mundo de Dios todo es perfecto y las almas siempre reciben la experiencia que deben recibir, la experiencia perfecta que les corresponde.

Sé que ése fue el momento más triste de tu vida, y que, hablar de perfección no servirá para que tu tristeza desaparezca. De hecho, no debe ser así.

Está bien sentirse triste, no tienes que ofrecer disculpas ni tratar de "arreglar" la situación. No obstante, existe una forma en la que puedes aprovechar lo que sientes.

Podrías convertir tu desdicha en una herramienta que te ayude a ti y a otros, a lo largo de tu vida. De esa forma puedes encontrar el propósito de la tristeza.

Una pena tan grande como la que tú sientes por la pérdida que sufriste puede transformar a las personas en seres humanos compasivos, sensibles y profundamente interesados en la vida. Si en algún momento se sintieron tentados a dejarse llevar por el camino de la ira y la amargura por el resto de sus vidas, ahora pueden decidir dirigirse hacia la felicidad y el amor.

Quienes lo hacen logran prepararse de una manera muy peculiar, y tienen todo lo necesario para ayudarles a otros que también hayan enfrentado una enorme tristeza en sus vidas. Con esto, esos seres van a encontrar gran satisfacción y gozo.

¿Y SE SUPONE QUE ESO ES LO QUE TENGO QUE HACER?

En la vida, nada "se supone". No hay ningún mapa que tengas que seguir, ninguna "misión" en la que te debas embarcar. Sólo existe tu decisión, tu libre albedrío; todo el tiempo, todos los días.

Tú estás invitada a preguntarte a cada momento: "¿Cómo puedo usar lo que la vida me ha brindado?". Cuando tu respuesta es positiva, entonces estás reafirmando el propósito de la vida misma: recrearte de nuevo en la versión más grande de la mayor visión que has tenido de quien eres.

Claro que puedes ir improvisando, no tienes que decidir todo lo que se refiere a tu vida en este instante y justo ahora. Pero lo que sí puedes hacer es hacerte la pregunta en cada oportunidad y encontrar la respuesta que funciona, que es congruente y que te da felicidad, paz y alegría, ahora.

Ya te habrás dado cuenta de que muchos de tus amigos se acercan a ti cuando necesitan hablar con alguien, cuando quieren que alguien los escuche, e incluso, cuando necesitan algún consejo.

Esto no es una coincidencia. Sucede que ya comenzaste a emitir las vibraciones de una comprensión más profunda, y de la compasión por quienes están confundidos, sienten dolor y están lastimados. Tú eres quien decide qué hacer con esa parte de quien eres. No queda duda alguna de que esa parte está ahí, y está ahí gracias a las experiencias que has tenido en la vida.

Y por eso, de alguna manera, ahora te será más fácil entender la muerte de tu padre en una etapa tan temprana de tu existencia, pues también representó el siguiente paso en el viaje de tu alma.

Como si fueran dos hilos en un extenso tapete, tu vida y la vida de tu padre se han trenzado, y ahora forman parte del hermoso diseño de su tejido.

SÓLO DESEARÍA QUE ALGUIEN ME DIJERA CÓMO DEBE LUCIR EL PANORAMA PARA PODER, AL MENOS, ENTENDER POR QUÉ LAS COSAS SUCEDEN DE LA FORMA QUE LO HACEN.

Mi querida amiga, nadie puede decirte eso porque el tapete aún no se ha terminado de tejer. Tú lo estás diseñando justo ahora. Al igual que tu padre.

¿Crees que él murió? Ya te dije que no fue así, que no puede morir jamás. Él vive eternamente, por siempre, y ésta no será la última vez que sus caminos se crucen. Tampoco fue la primera.

Ningún alma se une al cuerpo ni lo deja en un momento inadecuado o equivocado; eso no sucede ni "demasiado pronto" ni "demasiado tarde".

A su nivel consciente, la mente nunca puede saber cuáles son los planes del alma. Tampoco se puede conocer en las mentes de otros. Sin embargo, te puedo asegurar que tu padre ahora comprende todo a la perfección, y también, que llegará el día en que tú lo entiendas por igual. Te lo prometo.

Pero hasta que ese momento llegue, tendrás que confiar en la vida. Eso es lo que tu padre te está invitando a hacer desde el Cielo. Confía en la vida, ámala. Vívela al máximo, vívela con energía, vívela con felicidad.

Diviértete.

Contagia el gozo.

Comparte el amor.

💬 LOS PSÍQUICOS, LOS MÉDIUMS Y LA GENTE QUE ASEGURA QUE PUEDE HABLAR CON LOS ESPÍRITUS, ¿DICEN LA VERDAD? ¿POR QUÉ NUESTROS SERES QUERIDOS QUE SE HAN IDO NO NOS CONTACTAN DIRECTAMENTE? (ALEX, 19 AÑOS)

Sí lo hacen, Alex, sí lo hacen. No quiero que las cosas se tornen "extrañas", Alex, pero debo decirte que nuestra amiga Victoria, quien hizo la pregunta anterior, acaba de recibir un mensaje de su padre.

Ella tiene la libertad de creer o no lo que acabo de decir. Pero eso no va a cambiar el hecho de que su padre la acercó a este libro para decirle exactamente lo que ella necesitaba escuchar: que él está bien, que ella también lo va a estar, que las cosas son perfectas así como sucedieron y que debe sentirse contenta.

¿O tú crees que Victoria hizo esa pregunta y encontró este libro por coincidencia?

Alex, las coincidencias no existen.

OH, VAYA.

Ahora, para ahondar en mi respuesta… Los seres amados que ya "murieron" pueden estar contigo de manera inmediata. De hecho, ya están aquí. Vienen a ti con grandes sonrisas y con alegría, te bañan con su amor. Lo puedes sentir, claro que lo puedes sentir, sólo tienes que permitirte hacerlo, sólo tienes que abrirte un poco a esa experiencia.

Cuando sientas esta energía de luz y amor, no asumas que se trata de tu imaginación ni creas que son sólo anhelos. Se trata de los mejores pensamientos que puedes tener en la vida.

Siempre recuerda: "Lo que pienses que te sucede, se hará realidad".

Si piensas que tus seres amados están contigo –en particular cuando te sientes vulnerable y necesitas sus consejos–, te abrirás a la realidad de que están ahí, de que estuvieron ahí desde el momento en que los llamaste.

Y al contrario, si crees que ellos no están ahí, si piensas que te "lo estás inventando", entonces la realidad de que estás rodeado por la esencia de quienes ellos son se suspenderá y no podrás vivir esa experiencia.

PERO, ¿Y QUÉ HAY DE LOS MÉDIUMS Y DE LOS PSÍQUICOS? ¿NO SERÍA MUCHO MÁS SENCILLO USARLOS SI EN VERDAD PUEDEN COMUNICARSE CON LOS ESPÍRITUS?

Todos ustedes tienen la habilidad de comunicarse con los espíritus. Es lo que te he estado diciendo. No necesitas de un médium o de un psíquico para facilitar la comunicación. Esto no significa que ellos no puedan hacerlo más fácil, sólo significa que no los necesitas para hacerlo.

Primero vamos a aclarar a qué nos referimos con "espíritus". Yo no estoy hablando de lo que se conoce popularmente como "fantasmas". Cuando uso la palabra "espíritu", me refiero a esa parte de una persona a la que también se le conoce como "alma".

¿EL "ESPÍRITU" ES LO MISMO QUE EL "ALMA"?

Sí. Ya has escuchado que eres un ser de tres partes, un ser formado por el cuerpo, la mente y el espíritu. Ese tercer aspecto es tu alma. Es la esencia de quien eres, es tu elemento más fundamental. Todo surge del espíritu y todo vuelve a él.

Todos ustedes pueden ponerse en contacto con su propia alma y, después, con el alma de otros. No obstante, sería muy difícil hacer esto último si no te has puesto en contacto con la tuya.

Si no has contactado a tu alma, si no la has experimentado ni te has sensibilizado a su presencia, entonces te será muy difícil contactar, experimentar o sensibilizarte a la presencia de un alma ajena.

¿POR QUÉ?

Porque el contacto se hace al nivel del alma; el alma es esa parte tuya que está conectada a todo lo demás. El cuerpo, en cambio, es la parte que está separada. La mente es el puente entre los dos anteriores.

¿CÓMO PUEDO USAR MI MENTE PARA ENCONTRAR MI ALMA?

A través de la venida de tus pensamientos. Lo primero que debes hacer es creer que tienes un alma. Debes comenzar a verte como lo que eres y como quien realmente eres: un espíritu que vive con un cuerpo y que utiliza una mente.

Siempre recuerda: "No eres tu cuerpo. Tu cuerpo es algo que te pertenece. No eres tu mente. Tu mente es algo que utilizas. La verdadera esencia de quien eres es tu alma".

Usa tu mente pero sólo por un tiempo breve. Sólo el tiempo necesario para decirte que tienes un alma, que esa prolongada búsqueda vale la pena, y que no eres ni tu mente ni tu cuerpo. Luego, salte de tu mente, abandona tus pensamientos, pon tu mente en blanco y déjate llevar hacia la experiencia.

¿Y CÓMO HAGO ESO?

Hay varias formas. La oración y la contemplación en sosiego son muy efectivas. Es por eso que los miembros de órdenes religiosas las practican en los monasterios y conventos.

YO PENSÉ QUE LA GENTE DE LOS MONASTERIOS Y LOS CONVENTOS ESTABAN TRATANDO DE PONERSE EN CONTACTO CON DIOS.

Sí, así es. Al ponerse en contacto con su alma, en realidad están poniéndose en contacto con Dios y viceversa.

¿ENTONCES TENGO QUE VIVIR COMO MONJE O COMO MONJA DE UNA ORDEN PARA CONECTARME CON MI ALMA?

No, ésa es sólo una de varias maneras. También puedes suscitar momentos de oración o de contemplación en sosiego en tu propia vida cada vez que lo desees. Si tienes una vida llena de actividades, entonces, al principio te va a parecer que es difícil hacerlo; sucede mucho con la gente joven. Pero, con determinación y constancia, puede llegar a ser muy sencillo y gratificante.

NO SÉ CÓMO DECIRTE ESTO, PERO, LA VERDAD ES QUE NO ME GUSTA MUCHO ORAR.

¿Sabías que orar es sólo ejercer el genuino deseo de tener algo?

NO, NO SABÍA.

Bien, pues entonces éstas son buenas noticias. Toda esperanza o anhelo legítimo es una oración. Tal vez sólo sean ganas de agradecer, o tal vez sólo el deseo de que algo suceda. Si en verdad quieres conocer a Dios y tener conciencia de tu alma, la única "oración" que necesitas es ese "deseo", esa sensación de anhelo interno.

Si quieres, también puedes decir una oración. Eso le ha sido de ayuda a mucha gente, aunque no es algo que tengas que hacer. Es sólo una forma de verbalizar en tu mente lo que ya sabe tu corazón.

OKEY, YA ENTENDÍ. PERO TAMPOCO ME GUSTA MUCHO LA ONDA DE LA "CONTEMPLACIÓN EN SOSIEGO". ES DECIR, YO NO PASEO SOLO POR EL BOSQUE CON FRECUENCIA, ¿SABES?

¿A veces te acuestas por ahí en casa y escuchas música?

¡CLARO! ¿ENTONCES, QUIERES DECIR QUE ESCUCHAR MIS CD'S ES "CONTEMPLACIÓN EN SOSIEGO"?

Puede ser. La palabra "sosiego", como se emplea en la frase "contemplación en sosiego", no significa necesariamente que tengas que estar en "silencio". Puede significar que pongas en sosiego tu mente y todo lo demás, excepto lo que estás contemplando.

Cuando te enfocas en algo específico durante los momentos de soledad, el impacto que recibes puede llegar a ser muy profundo, en especial si repites este ejercicio una y otra vez. Por tanto, trata de ser selectivo con aquello en lo que te enfocas con frecuencia.

Por ejemplo, cuando estés eligiendo la música que vas a escuchar, trata de dilucidar en qué te va a invitar a enfocarte. Observa el tipo de energías que produce; si tiene letra, lee las palabras. Fíjate hacia dónde "te lleva". ¿Ahí es a donde quieres "ir"?

No juzgues si es "buena" o "mala" (y tampoco permitas que alguien más lo haga). Sólo pregúntate: "¿Ésta es la energía en que me quiero concentrar?".

Si te enfocas en tu alma –con música u otros elementos–, la encontrarás. La descubrirás. Por supuesto que, en realidad, no estarás "encontrando" ni "descubriendo" nada, sólo tomarás conciencia de lo que siempre ha estado ahí.

¿ME PUEDES HABLAR DE ESOS "OTROS ELEMENTOS"?

Claro. Escribir en tu diario también es una buena forma de enfocarte en tu alma, es una buena manera de "descubrir" o "encontrar" a tu verdadero yo, de ponerte en contacto con tus sentimientos y de aclarar tu verdad.

La meditación es otra forma de enfocarse en el alma. Ya lo había mencionado. Hablamos sobre caminar, salir a dar un paseo en bicicleta o de otras formas de distraer tu atención de las actividades y preocupaciones de la vida diaria. Es un proceso en el que vacías tu mente para que tu espíritu llene el espacio.

Hay muchas maneras en las que puedes experimentar tu alma; lo único que tienes que hacer es meterte en el espíritu de las cosas.

OYE, ME GUSTA CÓMO EXPUSISTE ESA IDEA, PERO NOS ESTAMOS DESVIANDO DEL TEMA. YO EMPECÉ HABLANDO DE LOS PSÍQUICOS Y ESAS COSAS, Y DE QUE ES MÁS FÁCIL PARA ELLOS CONTACTAR A LOS ESPÍRITUS. Y LO QUE QUIERO SABER ES, ¿EN VERDAD SON AUTÉNTICOS?

Los psíquicos y los médiums no son gente extraordinaria con habilidades únicas. Son gente como tú, con habilidades parecidas a las que tú tienes.

Así es como puedes descubrir si, como tú dices, "en verdad son auténticos". Un psíquico de verdad nunca va a tratar de convencerte de que tiene habilidades que no posee. De hecho, te dirán que, cuando hagan una lectura, lo que van a usar para conectarse con tus seres amados es tu habilidad para ponerte en contacto con ellos.

Los psíquicos sólo actúan como amplificadores de la señal que tú recibes. Ellos son sensibles a ti, no a otra energía ni ser. Los psíquicos se han convertido en los "altavoces" de la pequeña voz de sabiduría, claridad y vinculación que existe dentro de ti.

Para sentir la presencia de tus seres amados, para experimentar su amor y para recibir sus mensajes, no necesitas un psíquico ni un médium. También es cierto que, a veces, la gente que es sensible a este tipo de energías te puede ayudar a recibirlas. Es por eso que con frecuencia a los psíquicos les llaman "sensibles".

Tú también puedes sensibilizarte a estas energías. Y con esto, ya te estoy dando varias pistas para contestar lo que me preguntaste.

¿EN QUÉ MOMENTO VOY A TENER QUE IRME AL CIELO? (CHRIS, MIAMI, FLORIDA)

Ya estás en el Cielo, Chris. La experiencia del Cielo la puedes tener en donde tú quieras; lo más triste es que no todos lo saben.

El "Paraíso" o el "Cielo" en la Tierra es un concepto que se refiere a experimentar todas las maravillas, las alegrías, las emociones y la felicidad de la vida mientras la estás viviendo. Yo te he brindado todo lo necesario para estar en el Paraíso. Tu planeta es un Paraíso, lo único que tienes que hacer para verlo es abrir los ojos.

Pero, Chris, si lo que tú me estás preguntando es cuándo te vas a morir, entonces no te puedo dar una respuesta porque esa decisión la vas a tomar tú.

Cuando encuentres una situación en que las condiciones sean perfectas, entonces lo harás. Ni un minuto antes ni un minuto después. Será tu elección, no la mía.

TE EMPEÑAS EN REPETIR ESO, PERO FRANCAMENTE ¡YO NO SIENTO QUE ESTÉ ELIGIENDO NADA! MÁS BIEN PARECE QUE LA VIDA ME ESTÁ "PASANDO POR ENCIMA".

¡Tienes que dejar de pensar así! Tú y quienes te rodean son copartícipes en la creación de lo que sucede, de eso es de lo que he estado hablando todo este tiempo.

Para cambiar tu experiencia, sólo tienes que modificar la forma en que piensas. Luego tienes que modificar lo que dices y, por último, tienes que modificar lo que haces.

Ésas son las tres partes del proceso de la creación. Es la herramienta más poderosa que recibirás jamás.

OKEY, YA ENTENDÍ, EN SERIO. PERO NO ME HAS RESPONDIDO LA PREGUNTA MÁS IMPORTANTE QUE TENGO SOBRE LA MUERTE: ¿Y POR QUÉ TENEMOS QUE MORIR? ¿POR QUÉ NO PODEMOS VIVIR POR SIEMPRE?

¡Tú puedes vivir por siempre! ¡Tú vives por siempre! Nunca mueres, ya te lo había dicho, continúas viviendo, sólo cambias de forma.

OKEY, OKEY, PERO YA SABES A QUÉ ME REFIERO. ¿POR QUÉ TENEMOS QUE ABANDONAR EL CUERPO QUE TENEMOS AHORA?

Yo en ningún momento dije que tuvieras que hacer eso. Los seres humanos decidieron hacerlo así; lo decidieron con la manera en que tratan su cuerpo y su medio ambiente, y con la forma en que viven. Ustedes podrían quedarse en su cuerpo muchísimo más tiempo del que se imaginan. Lo podrían hacer si tomaran en cuenta (individualmente y como sociedad) las sugerencias que les he dado.

De cualquier forma, te invito a que dejes de pensar que la partida de tu cuerpo –a lo que llaman "muerte"– es una experiencia aterradora o desagradable, porque no tiene que ser así.

¿LA MUERTE NO ES ATERRADORA O DESAGRADABLE?

No, a menos de que tú decidas que así sea. Como sucede con todo lo demás en la vida, depende de tu punto de vista, ya que tu perspectiva es lo que moldea la experiencia.

Si tienes miedo de "lo que te va a pasar" después de morir, entonces le tendrás miedo a la muerte. Si piensas que la muerte es el fin de la vida, entonces siempre temerás su llegada.

Por otra parte, si te queda claro lo que va a suceder después de morir, entonces te sentirás tranquilo al respecto. Tal vez haya un dejo de tristeza, pero también puede haber una emoción que equilibre la situación, como entrar a la universidad, cambiar de empleo o mudarse a otra ciudad.

¿ESTÁS COMPARANDO LA MUERTE CON IR A LA UNIVERSIDAD, CAMBIAR DE EMPLEO O MUDARSE A OTRA CIUDAD?

Bueno, en realidad sólo estaba usando un símil, una comparación para que puedas entender el sentimiento. Pero, vamos, piénsalo bien, son sucesos parecidos.

Y cuando sabes bien que la muerte no es el fin de la vida, que ésta continúa por siempre, entonces ya no considerarás que esta experiencia de transición sea desagradable.

PERO, ¿A DÓNDE ME VOY A IR? ¿AL CIELO O AL INFIERNO?

Ésa es la pregunta que angustia a mucha gente. Entonces, vamos a deshacernos de esa angustia de una vez por todas.

Vas a volver a casa, conmigo. Ya dije anteriormente que no existe el Infierno.

PERO TAMBIÉN DIJISTE QUE EXISTE LA EXPERIENCIA DEL INFIERNO, LA EXPERIENCIA DE ESTAR SEPARADO DE DIOS.

Sí, correcto, se ve que has prestado atención. Pero ahora déjame explicar lo que te sucede al morir.

¡MUY BIEN! ¡AHORA SÍ VAMOS POR BUEN CAMINO!

Vas a experimentar lo que quiera que sea que hayas deseado o decidido experimentar. Así como sucede con la vida física, también vas a crear tu vida espiritual. La vas a crear con tus pensamientos, tus ideas y tus creencias.

ENTONCES, SI CREO QUE VOY A IR AL INFIERNO, ¿SÍ ME VOY A IR AL INFIERNO?

Es verdad, podrías llegar a generar una experiencia infernal, pero eso ya lo han hecho ustedes en la Tierra y sobrevivieron. Podría suceder en lo que ustedes llaman la "vida después de la vida". Pero, en cuanto decidas que ya no quieres vivir esa experiencia infernal, cesará de existir. Entonces te darás cuenta de que en verdad estás en el Paraíso, en donde puedes vivir lo que tú quieras con tan sólo pensarlo.

¿CÓMO ES EL CIELO? (ANNE, 15 AÑOS, INDIANÁPOLIS, INDIANA)

Es como tú quieras que sea.

¿CUÁNDO TE VOY A VER EN EL CIELO? (ROBERTO, 14 AÑOS)

En cuanto tú lo desees.

¿CÓMO ES EL CIELO? ¿AL MORIR NOS ENCONTRAREMOS CON NUESTROS SERES QUERIDOS? (FERNANDO, 16 AÑOS)

Al morir te verás rodeado por tus seres amados que partieron tiempo atrás. Ellos te guiarán con cariño y alegría. Si así lo deseas, vivirás la experiencia de que estén ahí acompañándote.

¿ESO QUÉ SIGNIFICA?

Significa que, si así lo quieres, verás a tus seres queridos rodeándote y que, si no esperas, ni crees que estarán ahí, pues no vivirás esa experiencia. Ellos sí estarán ahí, sólo que tú no los verás. De cualquier forma, te estarán brindando su amor y su guía, y sólo podrás vivir la experiencia de que estén ahí cuando decidas hacerlo.

Es lo mismo que sucede en tu vida en la Tierra. Si te abres a la experiencia, tus seres queridos estarán contigo en un santiamén. Si en verdad lo deseas, sabrás que están ahí. Por cierto, sucede lo mismo con Dios: en esta vida, por siempre y para siempre.

18

Otros misterios

Aquí tenemos algunas preguntas que no entraron en ninguna categoría. Las quise incluir en el libro porque, para empezar, ustedes las formularon, y además, porque creí que eran interesantes y que merecían una respuesta individual. Toma en cuenta que no son preguntas sobre algo en particular y que los temas son muy variados. Diviértete con esta sección y disfruta de las preguntas y respuestas.

💬 EN MI OPINIÓN, LA VIDA NO TIENE SENTIDO, O SEA, NO TIENE NINGÚN SENTIDO. PARA NADA. ¿ALGÚN COMENTARIO? (NICK, 18 AÑOS)

Sí, sí, tienes toda la razón. La vida NO tiene ningún sentido. Ése es precisamente su encanto.

OKEEEY, YA LOGRASTE CAPTAR MI ATENCIÓN...

La vida no tiene ningún sentido excepto el que tú decidas darle. Si la vida tuviera sentido, ¿quién sería el encargado de definir cuál es ese sentido? Si me dices "Dios", entonces ¿para qué haría Yo eso y luego trataría de mantenerlo en secreto?

¿En verdad crees que la vida tiene algún sentido específico que Yo he asignado, y que luego te hago andar dando vueltas por el resto de tu vida para encontrarlo? ¿Es eso lo que has imaginado?

NO, NO NOS HAS HECHO ANDAR DANDO VUELTAS PARA ENCONTRARLO, YA NOS LO ESCRIBISTE.

¿En dónde?

EN LAS SAGRADAS ESCRITURAS.

¿Cuáles Sagradas Escrituras?

TÚ SABES PERFECTAMENTE CUÁLES.

No, no sé a cuáles te refieres. ¿Hablas de la Biblia? ¿El Corán?, ¿del Talmud?, ¿los Upanishards, o tal vez el Libro de Mormón? ¿Te refieres al Canon Pali o al Bhagavad-gita? ¿Al Tao-te Ching? ¿Quizás el Rig Veda o los Brahmanas? ¿Podría ser el Buddha-Dharma?

OKEY, OKEY, YA ENTENDÍ.

¿Ya entendiste?, ¿en serio? Es decir, ¿de verdad ya entendiste? Porque hay cientos de religiones conocidas en el planeta, ¿sabes? Y cada una tiene sus enseñanzas y sus propias escrituras. ¿Cuál crees tú que deberíamos escoger para que se convierta en la única Palabra de Dios?

¡LA QUE YO ELIJA!

Sí, claro. Y, de acuerdo con las escrituras que elegiste, ¿cuál es el sentido de la vida?

BIEN, PUES, COMO YA DIJE, EN MI OPINIÓN LA VIDA NO TIENE SENTIDO, ASÍ QUE, SUPONGO QUE, DESPUÉS DE TODO, NO NOS LO HAS DICHO. ¿POR QUÉ NO NOS LO CUENTAS AHORA Y NOS AHORRAMOS TODA LA FRUSTRACIÓN?

¡Te lo estoy diciendo! Ya te dije que estás en lo correcto, que la vida no tiene sentido. Que si yo le hubiera asignado alguno, tú no tendrías más opción que usar tu existencia para satisfacer ese sentido. Pero no es así, yo te creé para crear, no para obedecer. Dios no obedece a nadie, y yo te hice a mi imagen y semejanza.

Así pues, la vida fue hecha sin sentido, a propósito, para que tú le asignaras el sentido que quisieras. Eso es lo que ustedes hacen todos los días, darle sentido a la vida como individuos y como sociedad.

¿AH SÍ? ¿TODOS LOS DÍAS?

Sí. Con su comportamiento, ustedes deciden cuál es el sentido que le quieren dar a su vida. Porque su comportamiento es algo que pueden controlar, así como, el comportamiento ajeno es algo sobre lo que pueden influir.

¿HAY ALGUNA CURA PARA EL CÁNCER? (BARBI)

Sí, Barbi, y también para el SIDA. Para la esclerosis múltiple, para la distrofia muscular, el Alzheimer y todas las otras enfermedades que menciones. Hay tres maneras en las que puedes sanar.

En primer lugar, previniendo que ocurran. (Esto lo pueden hacer de distintas formas, desde cambiar sus hábitos hasta modificar su código genético al nacer.)

En segundo lugar, reparando los órganos y tejidos que las enfermedades no prevenidas dañaron. (Esto se puede hacer utilizando las células del propio cuerpo humano para regenerar y "reconstruir" las partes del cuerpo afectadas.)

Y en tercer lugar, con el simple poder de la fe. Es decir, pidiendo ser sanados y "sabiendo con seguridad" que así será.

En los próximos años, su especie llegará a entender estos conceptos y, algún día, todo será muy sencillo.

SI EXISTE UNA CURA PARA ESTAS ENFERMEDADES O UNA FORMA DE SANARLAS, ENTONCES ¿POR QUÉ NO DECÍRNOSLAS AHORA MISMO? ¿POR QUÉ NOS HARÁS ESPERAR AÑOS Y AÑOS? ¿QUÉ CLASE DE DIOS ERES?

No. Yo no soy quien lo está haciendo, te lo aseguro. Todo lo que ustedes necesitan saber para curar las enfermedades y sanar el cuerpo se encuentra codificado en el cuerpo mismo.

Yo ya les di el libro de texto: ustedes son ese libro. Estudien cómo funciona el cuerpo humano, observen sus mecanismos detalladamente. Examinen las milagrosas células que pueden convertirse en cualquier parte del cuerpo: huesos, músculo cardiaco, tejido cerebral. Observen con cuidado el código genético de los humanos y de todos los organismos vivos, tal como lo están haciendo. De hecho, ya comenzaron a develar los secretos de la vida.

¿PERO POR QUÉ HEMOS TENIDO QUE ESPERAR TANTO TIEMPO? ¿POR QUÉ NO NOS ENSEÑASTE TODO ESTO ANTES?

La vida se revela por completo a la vida en todo momento. No se trata de cuánto es revelado, sino de cuánto se llega a creer.

Por ejemplo, desde el principio era posible observar que la Tierra giraba alrededor del Sol, pero su especie sencillamente no quiso creerlo.

De hecho, algunas personas lograron ver que la Tierra giraba alrededor del Sol, pero, cuando lo dijeron en público, se originó un inmenso debate teológico, en mayor parte porque estas declaraciones atentaban contra las enseñanzas espirituales de aquella época. Dichas enseñanzas insistían en que los seres humanos eran las criaturas más importantes que Dios había creado y que, por tanto, ¡era el Sol el que debía girar alrededor de la Tierra!

Así se han desechado muchos otros descubrimientos científicos y médicos. En otros casos, estos descubrimientos incluso se han llegado a condenar porque contradecían lo que los humanos imaginaban que ya sabían sobre la materia, o porque sacudían los fundamentos de las creencias religiosas que ya estaban muy arraigadas.

Los humanos han preferido asirse a sus creencias –aún a las erróneas– antes de adoptar nuevos puntos de vista acerca de fenómenos que desafían todo aquello que ya se ha asumido.

SÍ, COMO DIJISTE: "ALGUNAS PERSONAS SERÍAN CAPACES DE RENUNCIAR A TODO CON TAL DE "TENER LA RAZÓN", INCLUSO AL PROGRESO.

Exactamente. Y, de hecho, continúan en una posición muy similar hasta la fecha. Es por esa razón que algunas personas atacarán a este libro. La idea de que Dios se puede comunicar de manera directa contigo –y eso sin incluir el contenido que aquí se ha comunicado– contradice prácticamente todas las creencias religiosas que tienen sus sociedades.

Pero te voy a decir algo: llegará el día en que todo lo que aquí has leído será aceptado comúnmente. A menos de que suceda lo contrario. Ustedes están creando su realidad y, por eso, son quienes decidirán cómo va a ser su mundo.

¿Van a elegir un mundo en el que Dios se comunica de manera sencilla y concreta?, ¿un mundo en el que Dios contesta sus preguntas directamente y les da las herramientas necesarias para cambiar su vida?

¿Van a elegir un mundo en el que se pueda erradicar la enfermedad, convertirla en un asunto del pasado?

¿Van a elegir un planeta con un medio ambiente seguro, con recursos naturales abundantes?

¿Te imaginas si todas estas ideas se convirtieran en tu realidad? Si puedes imaginarlo, entonces, puede suceder. Si no puedes imaginarlo, entonces, no.

Es así de simple.

¿CÓMO PUEDO USAR MI DOLOR Y DESILUSIÓN PARA CONVERTIRME EN MEJOR PERSONA? ¿LOS PUEDO USAR COMO ESCALONES PARA LLEGAR A UN MEJOR LUGAR, EN VEZ DE VERLOS COMO OBSTÁCULOS QUE ME IMPIDEN AVANZAR, SER LA PERSONA QUE QUIERO SER Y ALCANZAR MIS OBJETIVOS? (IANA, 16 AÑOS)

Claro que puedes, es cierto. ¡Y qué maravillosa pregunta!

En primer lugar tienes que modificar la forma en que ves las cosas. Tienes que entender que te enviado ángeles y te dado milagros.

Luego debes recordar que el "fracaso" es un engaño. Hablando con toda franqueza, te diré que es imposible fracasar.

Siempre recuerda: "Es imposible que fracases".

Cuando te sientas lastimada o sufras alguna desilusión, permítete ver la experiencia como un gran obsequio y ábrelo para encontrar el tesoro que trae consigo.

No permitas que nada se interponga en tu camino. Nada. Tienes que creer que puedes tener o experimentar cualquier cosa que desees, lo único que tienes que hacer es creer.

Debes creer que todo lo que te sucede siempre es en tu beneficio, siempre. Incluso cuando "parece" que la situación no es lo que esperabas, en realidad, sí lo es.

Recuerda que a cierto nivel de la conciencia, tú eres quien ha atraído hacia ti cada uno de los encuentros y experiencias que tienes, y que lo has hecho por razones que están perfectamente alineadas con los planes de tu alma.

En este sentido, todo lo que tienes "lo has deseado" y, al final, lo has conseguido. Cuando sepas y comprendas este concepto, habrás alcanzado un nivel muy alto en tu existencia.

Tienes que considerar que cada momento es una bendición, incluso aquellos de dolor y desilusión. Y, con esa habilidad que tienes para ver las cosas de la forma que tú eliges, despoja esos momentos de todo sufrimiento. Tal vez sean dolorosos, pero no tienen que hacerte sufrir.

Aprende a darle la bienvenida al fracaso, y a verlo sólo como un peldaño en la escalera que te llevará al éxito. No lo mires como una "derrota", sino como otro tipo de victoria.

Cuando logres apreciar el gran regalo que la vida te ha brindado a través de las penas más grandes y las tragedias más profundas, entonces alcanzarás un grado muy importante de iluminación, como Buda. Es un sentido de implacabilidad que no puede ser perturbado, una paz imposible de destruir. Un gozo permanente.

¿QUERER VENGARSE DE ALGUIEN, ES UNA VERDADERA ATROCIDAD? (LARYSA, 19 AÑOS, MISSISSAUGA, ONTARIO, CANADÁ)

Durante mucho tiempo la raza humana ha creído en un Dios vengativo y de esa forma ha podido justificar su propio espíritu vengativo. En lugar de verse a sí mismos como seres creados a imagen y semejanza de Dios, los humanos creen que Dios fue hecho a imagen y semejanza de ellos.

Yo no necesito la venganza y tampoco la busco. Como ya te lo expliqué antes, es así porque no hay nada que me pueda lastimar o dañar.

Si tú crees que alguien te puede lastimar o dañar de alguna manera, entonces ya estás cometiendo una atrocidad, busques venganza o no. El simple acto de pensar que necesitas vengarte es una forma de identificarte como alguien menor a Dios, alguien capaz de cometer una "atrocidad". Por tanto, la respuesta a tu pregunta es, sí.

Tampoco comiences a "torturarte" por sentir deseos de venganza ni por ninguna otra cosa que hayas sentido o hecho. Las atrocidades sólo las cometes porque has olvidado quién eres en realidad. Conforme vayas recordando tu identidad, verás que no hay necesidad de sentirse culpable o de "atormentarte" por las "atrocidades" que hayas pensado, dicho o hecho.

Vas a entender que todo es parte del proceso de evolución, de tu crecimiento personal, de la evolución de tu especie y de la de tu alma.

Por tanto, también comprenderás que nunca has "fallado", que sólo has dado los pasos necesarios para alcanzar tu propio éxito.

¿POR QUÉ HAY GENTE BLANCA Y GENTE NEGRA? (ANÓNIMO)

Las razones técnicas no tienen importancia, sólo tienen que ver con la pigmentación o el color de piel que se desarrolló y que fue necesario para la evolución, dependiendo de los distintos lugares en que se llevó a cabo en la Tierra.

Las explicaciones técnicas son sólo son una forma de describir el proceso a través del cual se manifestaron en tu realidad las razones verdaderas.

Por ejemplo, la razón técnica de que llegas al supermercado es que manejas tu auto. Sin embargo, la razón por la que tienes que ir es porque necesitas pan, mantequilla, huevos y leche. Ustedes fabricaron los autos (así como muchos otros inventos) como un medio o herramienta para poder llevar a cabo sus planes, y los planes son la verdadera razón por la que usan los inventos.

La vida dentro del cuerpo físico y la evolución de la vida son las herramientas que las almas usaron para llevar a cabo sus planes.

Hay gente blanca y gente negra (así como gente de otras variaciones de estos colores), por la misma razón que existen hombres y mujeres, gente alta y gente de baja estatura, gays y heterosexuales, zurdos y diestros. Ustedes han aprovechado la herramienta de la genética para crear diferencias entre ustedes, porque, en ausencia de lo que ustedes no son, lo que sí son, no existe.

AYÚDAME A ENTENDERLO, CREO QUE NO COMPRENDO MUY BIEN.

Para poderte experimentar tú mismo, de cierta manera, pues necesitas crear otra forma para poder ser experimentado. Sólo entonces podrás reconocerte como una entidad individualizada de el Todo: una presentación singular y específica de todo lo que es.

Si no hay frío, no se puede reconocer el calor; si no existiera el arriba, no podrías identificar el abajo.

AH SÍ, YA LO RECUERDO.

Ustedes son copos de nieve humanos. Caen del Cielo de Dios convertidos en maravillosos individuos, expresiones únicas de la maravilla de la vida.

Cuando llegan a la Tierra se mezclan con otros que, al igual que ustedes, tienen una individualidad pasmosa. Juntos dan origen a una hermosa realidad de dimensiones mayores.

Más adelante mutan, se funden en un solo cuerpo y fluyen suave y tranquilamente en la corriente de la unicidad.

Finalmente, se esfuman en apariencia (porque, aunque están ahí, no se les puede ver), para elevarse una vez más a los cielos, de donde surgieron, y volver a iniciar el ciclo.

El viaje del copo de nieve es una metáfora perfecta del viaje del alma.

¿QUÉ TAL SI ESO DE "UNIRSE PARA SIEMPRE" NO ES LO QUE DEBE SER, SINO LO QUE NOSOTROS HEMOS DECIDIDO QUE SE HAGA? ¿ES CORRECTO VIVIR CON UNA PERSONA SIN HABERSE COMPROMETIDO DE POR VIDA? (SUSAN, 19 AÑOS, SAN LUIS, MISURI)

No existe ninguna regla en los cielos que indique que, para estar con una persona ahora, debas comprometerte a permanecer con ella por el resto de tu vida.

PERO, ¿Y QUÉ TAL SI YO QUISIERA VIVIR CON ESA PERSONA, CON ÉL, COMO YA SABES, COMO SI FUÉRAMOS ESPOSOS?

Te refieres a que quieres tener sexo con él, acostarte con él.

NO, NO SÓLO ESO, PERO SÍ. YO LO AMO Y QUIERO HACER TODO CON ÉL: VIVIR CON ÉL, COMER CON ÉL, DORMIR CON ÉL, COMPARTIR LA VIDA DIARIA CON ÉL. ES SÓLO QUE NO ESTOY SEGURA DE QUE ESTOY LISTA PARA CASARME. MIS PADRES CREEN QUE DEBERÍA HACERLO, MÁS QUE CREERLO, ME HAN DICHO QUE DEBO CASARME, Y PUNTO. DE HECHO, DICEN QUE, SI NO ME CASO CON ÉL, ESTARÍA VIVIENDO EN PECADO.

Y, sólo por curiosidad, ¿contra quién estarías pecando?

SUPONGO QUE CONTRA TI. ES UN PECADO CONTRA DIOS.

¿En serio? ¿Tú crees que Yo me voy a sentir ofendido de que ames a alguien?

BUENO, NO SÓLO DE QUE LO AME, SINO DE QUE VIVA CON ÉL.

Sí, te entiendo.

O SEA, ES QUE VIVIR CON ÉL AUMENTA EL GRADO DE INTIMIDAD, ¿NO CREES?

¿No has tenido intimidad con él?

BUENO, SÍ, ALGUNAS VECES, PERO NO ES LO MISMO QUE YA VIVIR CON ÉL.

¿Me estás diciendo que está bien tener una relación íntima siempre y cuando cada quien viva en su casa, pero que, si viven en el mismo sitio, entonces, ya no está bien?

NO, PERO... ES QUE SUPONGO QUE VIVIR EN EL MISMO SITIO LO HACE TODO MÁS OBVIO. LA RELACIÓN SE HACE MÁS ABIERTA Y... TAMBIÉN INNEGABLE.

Eso me suena como si lo que te preocupara en realidad fueran las apariencias, no el pecado. La mayoría de las personas hacen lo que quieren hacer, y cuando piensan que los demás podrían tener alguna objeción, pues sólo continúan haciéndolo pero en secreto.

Quizá te preocupa más ofender a los humanos que ofender a Dios.

BUENO, ES QUE, POR UN LADO, EXISTEN LOS PECADOS MENORES, UN PEQUEÑO DESLIZ, UN MOMENTO EN EL QUE SUCUMBES A LA PASIÓN. Y POR OTRA, TAMBIÉN EXISTEN LOS GRANDES PECADOS, CUANDO HACES ALGO UNA Y OTRA VEZ, A PESAR DE QUE SABES QUE ESTÁ MAL Y QUE CON ESO, PUES, ESTÁS DESAFIANDO A DIOS.

Ya veo. Entonces, un pecado que se comete una o dos veces –o en tu caso, quince o veinte– se puede perdonar, pero un pecado que se comete todos los días del mes, a lo largo de todo el año, no.

CREO QUE DE PRONTO, TODO LO QUE DIGO SUENA MUY TONTO.

No, Susan, Yo soy quien, desde la perspectiva humana, suena tonto. La forma en que algunos seres humanos se explican, hace parecer que, siempre y cuando hagan las cosas de forma discreta y oculta, Yo me voy a hacer de la vista gorda, pero, si hacen lo mismo abiertamente, aclarándole a todo mundo lo que en realidad sucede, entonces Dios se ofende y tiene que castigarlos. Me están haciendo ver como recaudador de impuestos.

Pero te tengo buenas noticias, Susan. Yo no me siento ofendido ni te voy a castigar por amar a alguien, ya sea en tu casa, en la casa de él, o en un hogar que ustedes formen juntos, sin importar la espontaneidad ni lo perecedero del mismo.

A mí no me toca juzgarte ni castigarte, Susan, nunca lo voy a hacer. Yo no tengo por qué "señalarte" y hacer "que pagues". Todo mundo ha querido asignarme esa tarea, pero no la pienso aceptar.

A mí me toca amarte, Susan. Sencilla y llanamente, amarte. Amarte ahora y por siempre. Amarte sin que nada más importe.

Puedo entender por qué quieres vivir con ese hombre, también entiendo por qué lo amas y también entiendo por qué tienes dudas sobre si quieres vivir con él por el resto de tu vida. Yo entiendo todos tus sentimientos al respecto y, ya te lo había dicho, cuando llega el entendimiento, la condenación desaparece.

Siempre recuerda: "Cuando llega el entendimiento, la condenación desaparece".

El entendimiento y la condenación se excluyen el uno al otro.

NUNCA HABÍA ESCUCHADO A NADIE DECIR ESO.

Bien, pues ahora te lo digo yo y es verdad.

PERO, ¿Y QUÉ HAY DEL MATRIMONIO? ¿QUÉ PAPEL TIENE EL MATRIMONIO EN NUESTRA SOCIEDAD ACTUAL?

El matrimonio es una institución que los humanos crearon, es un estado en el que participan para, según ellos, santificar su amor. ¿Acaso eso significa que el amor que se expresa fuera del matrimonio no es santo? Eso sólo lo pueden decidir ustedes.

Ustedes se encuentran en el proceso de definirse a sí mismos, de forma individual y como sociedad. Se están definiendo en todo momento con cada decisión que toman.

Entonces, piensa en lo que dice tu madre, piensa en lo que tu corazón te dicta y piensa en lo que tu alma de dice sobre el amor. Algo es seguro: no tomes esa decisión –ni esta ni ninguna otra– basándote en el miedo. Además, debes saber que lo último a lo que debes temerle es a mí.

Esfuérzate en tener una amistad con Dios, no una relación de temor. Piensa que soy tu mejor amigo, ven siempre a mí, así como lo acabas de hacer ahora. Pregúntame lo que quieras, dime cuáles son tus preocupaciones, tus expectativas y tus sueños. Siempre estaré ahí para ti, siempre. No para juzgarte o condenarte, sino para ayudarte a experimentar ¡la versión y la visión más grande que has tenido de quien en realidad eres!

💬 YO USO UN CRUCIFIJO EN EL CUELLO COMO TALISMÁN DE BUENA SUERTE. HASTA AHORA NO ME HA TRAÍDO MUCHA. VARIOS DE MIS AMIGOS TAMBIÉN TIENEN CRUCIFIJOS, SON UN SÍMBOLO DE NUESTRA FE. PERO, ¿POR QUÉ NO FUNCIONAN? (MANUEL, 14 AÑOS, MANILA, FILIPINAS)

Los amuletos no traen buena suerte. Lo que produce los resultados positivos en la vida son la intención y el conocimiento puro.

Al usar un crucifijo, no estás demostrando tu fe, tampoco lo haces al asistir todos los días a una iglesia, a una sinagoga o a otro tipo de templo. Tu fe la demuestras con cada palabra que sale de tu boca, cada pensamiento que tienes. Tu fe la demuestras en todo lo que haces.

Con tus pensamientos, tus palabras y tus acciones, es con lo que forjas tu realidad, no con algo que te cuelgas al cuello.

Ahora te voy a invitar a que veas si te ha servido de algo tenerle fe a los objetos. Luego, te voy a invitar a tener fe en ti, en el proceso de la vida, y a tener fe en Dios.

Tú, la vida y Dios no tienen por qué rivalizar, pertenecen al mismo equipo, están todos del mismo lado. Esto se pone aún más interesante porque tú, la vida y Dios son exactamente lo mismo. Tú eres lo que es la vida, la vida es lo que es Dios, y Dios es lo que tú eres. Así el círculo está completo.

Entonces, ¡ahora ten fe en todo eso! No te preocupes por los "amuletos de buena suerte". La vida es tu amuleto de la buena suerte: para que funcione sólo tienes que saber que va a funcionar, decir que va a funcionar y actuar como si fuera a funcionar. ¿Y sabes qué? ¡Funcionará!

La vida funciona dentro del proceso de sí misma.

Siempre recuerda: "La vida funciona dentro del proceso de sí misma".

💬 ¿ALGUNA VEZ PODRÉ VER ÁNGELES? (AVRA)

Claro que sí, Avra. ¡Los puedes ver desde ahora! Sólo abre los ojos y mira a tu alrededor. Todas las personas de tu vida son ángeles. Porque sólo te he enviado ángeles.

Estos ángeles llegaron a tu vida para desempeñar su papel más perfecto. Los ángeles "aparecen" de distintas maneras, pero todos ellos tienen la misión de ayudar a tu alma a lograr su objetivo.

Ni siquiera tienes que salir de tu casa para ver un ángel. Basta con que mires al espejo. Sí, tú eres un ángel. ¿Podrás aceptarlo?

Ahora te invito a que pienses esto con mucha seriedad: ¿qué sucedería si de pronto creyeras que tú eres el ángel que alguien más está esperando hoy?

Yo puedo decirte lo que sucedería: cambiarías la vida de todos aquellos a quienes te acerques. Sentirían que los "tocó un ángel".

¿CÓMO PUEDO HACERLO? ¿QUÉ TENDRÍA QUE HACER?

No tienes que hacer nada en especial. Sólo tienes que ser. Cada vez que te incorporas a tu ser ángel "eres", no "haces".

¿Y QUÉ SOY?

Eres todo aquello que imaginas que es un ángel. Tal vez eres cariñoso, tal vez compasivo, paciente y gentil. Tal vez eres generoso y amable, tal vez cuidas a los demás y eres sensible y comprensivo con ellos. Tal vez sabes perdonar, proteger, motivar y guiar. Tal vez tienes buena voluntad.

¿VOLUNTAD?

Sí, voluntad.

¿VOLUNTAD PARA QUÉ? ¿A QUÉ TENDRÍA QUE ESTAR DISPUESTO?

Tendrías que estar dispuesto a todo lo que esos estados del ser te insten a hacer.

Dispuesto a permitir lo que sea necesario para dejar surgir y emanar esos estados del ser.

Dispuesto a no pensar, a no considerar los pros y los contras, a no preocuparte por los resultados, a no pensar en lo que "vas a sacar de eso".

Dispuesto a hacer todo lo que de manera natural saldrá de ti cuando seas eso, momento a momento.

El presente te dirá qué hacer cuando seas un ser humano. No vas a tener ni que pensar en ello.

Recuerda que eso es lo que sucede con el presente. De hecho, de eso se trata, de un momento que llegó antes, que te fue enviado por tu alma, para que pudieras expresar y experimentar quien en realidad eres, y quien decidas ser.

El momento de ahora también es el momento "presente". Es un momento en el que recibes y brindas un "presente", un obsequio. ¿Qué presente le vas a dar a los otros y a ti, ahora? Ésa es la única pregunta que tienes que hacerte hoy.

Pero no pienses en la respuesta. Sé la respuesta, conviértete en ella.

Siempre recuerda: "Los ángeles nunca piensan".

¿ALGUNA VEZ PODRÉ VER A LOS ÁNGELES "CELESTIALES" Y NO SÓLO A LOS ÁNGELES "TERRESTRES"? ES DECIR, ¿PODRÉ VER A LOS ÁNGELES DEL CIELO?

Sin duda alguna, ya has visto muchos.

¿AH SÍ?

Sí. Sólo que se habrán presentado frente a ti como seres humanos normales. Entraron y salieron de tu vida, te dieron lo que necesitabas justo en el momento preciso.

También puedes estar seguro de que en tus sueños los has encontrado. Ahí es donde tu alma va a descansar entre los días que carga a tu cuerpo.

Los ángeles se te han presentado de muchas maneras durante el sueño.

¿LOS VOY A VER CUANDO VAYA AL CIELO?

Ellos estarán ahí en el momento en que abandones tu cuerpo, te bañarán con su amor. Lo primero que vas a sentir cuando inicie la transición será su energía.

¿CÓMO SE VA A SENTIR ESO?

Va a ser una sensación de calidez y suavidad, te sentirás bienvenido y seguro. El sentimiento de seguridad será el más fuerte, de seguridad y amor absolutos.

GUAU, YA QUISIERA SENTIRLO.

¡No tienes que esperar! La buena noticia es que no tienes que esperar un minuto más para recibir el amor de los ángeles y el amor y la presencia de Dios. Es algo que puedes sentir en todo momento.

¿POR QUÉ PUEDO IR A MORIR POR MI PAÍS A LOS DIECIOCHO AÑOS, PERO NO PUEDO DISFRUTAR DE UNA CERVEZA FRÍA EN UN DÍA CALUROSO?

Los adultos creen que sus hijos "les pertenecen", y que tienen que hacer lo que ellos les digan. La actitud de la sociedad en general refleja esta política de "tu cuerpo nos pertenece" y, por tanto, la sociedad cree que tiene el derecho de decirles a sus hijos qué hacer.

Tu sociedad siente que tiene todo el derecho de enviarte a una guerra con la que tal vez ni siquiera estés de acuerdo y, claro, de cerrarte las puertas de un bar con el que, tal vez, sí estás de acuerdo.

Tu sociedad incluso ha aprobado leyes que te fuerzan a hacer lo primero y que te prohíben a hacer lo segundo. De no cumplirlas, puedes enfrentar multas e incluso encarcelamiento.

Todo esto es un reflejo de lo primitiva que es tu sociedad. Ninguna sociedad bien informada podría asumir que, cobijada por la ley, tiene el derecho de mangonearte de esa forma, de manejarte sin respeto alguno por tu libre albedrío.

Hace no mucho tiempo, las sociedades seguían creyendo que tenían los mismos derechos que ya mencioné sobre las mujeres. En algunos países sigue funcionando de esa forma.

Las sociedades de esos países dictan lo que las mujeres pueden o no hacer. En dónde pueden trabajar y en dónde no. Con quién se pueden casar y con quién no; lo que pueden usar y lo que no (empezando por el color de las prendas), a dónde pueden ir y a dónde no, y a qué hora del día pueden, o no ir ahí.

Algunas de estas represivas sociedades han llegado incluso a deformar los cuerpos femeninos. Han forzado a las mujeres a la mutilación de ciertas partes de los genitales (esas mismas partes que les dan la posibilidad de sentir placer durante la relación sexual), y todo porque se considera inapropiado que una mujer sienta placer.

Sí, las sociedades humanas han generado leyes que no sólo son injustas, sino que atraviesan las fronteras de la cordura.

¿POR QUÉ? ¿POR QUÉ APROBAMOS ESAS LEYES?

Esta pregunta ya se hizo anteriormente, pero no la respondí de inmediato. Estas leyes se aprueban porque los humanos viven presas del miedo y la culpa. El miedo y la culpa son los únicos enemigos del hombre.

Cuando vives con miedo y culpa, te ves forzado a buscar el control total de tu medio ambiente y de todos los que viven en él. El poder y el control adquieren importancia sobre todo lo demás.

En mayor o menor medida, y dependiendo del país en cuestión, cuando las personas expresan su libre albedrío, se les considera una amenaza al bien común. Claro que el "bien común" es definido por quienes detentan el poder.

Y LAS PERSONAS QUE APROBARON ESE TIPO DE LEYES EN ESOS PAÍSES ¿QUÉ PODRÍAN TEMER DE LAS MUJERES?

Temen que las mujeres logren descubrirse, que logren realizarse y tomar conciencia de sí mismas.

Si a las mujeres se les permitiera descubrir quiénes son en realidad, los hombres de esos países ya no podrían controlarlas.

¿POR QUÉ CREES QUE TOMÓ TANTO TIEMPO DEJAR QUE LAS MUJERES TUVIERAN EL DERECHO A VOTAR, INCLUSO EN SUS SOCIEDADES MÁS "AVANZADAS E ILUSTRADAS"?

Todo tiene que ver con el control. Y siempre encubren el control con una pantalla que le hace creer a la gente que "es bueno para ella". Lo único que de verdad desea el alma humana es la libertad, porque eso es lo que el alma ES, y lo que siempre tiene necesidad de expresar. Nada cuyo objetivo no sea la libertad total puede ser "bueno para la gente".

¡TIENES RAZÓN! YO SIENTO QUE LOS ADULTOS SIEMPRE TRATAN DE CONTROLARNOS. ¿POR QUÉ? ¿POR QUÉ TIENEN ESTA OBSESIÓN CON EL CONTROL?

La mayor parte de la raza humana no ha aprendido a usar el poder. La gente no entiende el concepto de poder CON, sólo entiende el concepto de poder SOBRE.

Siempre recuerda que "El propósito del poder no es controlar, sino crear".

Cuando se emplea el poder para controlar, no se genera ni se crea nada. Es por eso que a quienes son "obsesivos del control" les cuesta mucho trabajo lograr que las cosas sucedan. Asimismo, los gobiernos que lo controlan todo no tienen grandes logros.

El control es el enemigo de la creación. Por ello, el término "creación bajo control" es una figura contradictoria.

No es raro que a las personas que son sumamente creativas se les señale por estar "totalmente fuera de control". ¡Y es cierto! Ese tipo de gente no podría crear nada si alguien más la controlara.

Libertad verdadera es igual a poder verdadero. Ése es el estado en el que radica Dios. Es el estado del ser en que también radican los humanos, sólo que ellos no lo saben.

Con esto, con estas dos últimas preguntas, estamos cerrando el círculo. Hemos explorado lo que se discutió al principio de la conversación.

Todos ustedes nacieron con el poder original. Y poder original es tan sólo otra forma de llamarle a Dios.

Cuando reclamas tu poder original estás reclamando a Dios; estás reclamando tu divinidad. Y la divinidad ejercita el poder con el universo, no sobre el universo.

Esta última oración, en sí misma, aclara los malentendidos esenciales que tienen los humanos acerca de Dios.

El poder original es lo que ES. Un poder que le da forma y respalda a todas las leyes del universo, incluyendo la ley de la creación. El poder original es la ley de la vida y la ley de Dios.

Eso ya lo han dicho todos los profetas. Los profetas modernos lo dicen a su manera, pero eso no modifica la ley, sólo la aclara.

Aquí está la ley: "El poder máximo es la libertad máxima, y la libertad máxima es el poder máximo". Compartir el poder no lo menoscaba, le da más valor.

No pienses que yo he venido a abolir la ley y los profetas. He venido a que se cumpla la palabra. Ahora lo sabes. No he venido a ejercer poder sobre ti, sino a ejercer el poder contigo.

Hay una diferencia enorme entre estos dos conceptos y, cuando lo entiendas, podrás comenzar a vivir en un mundo distinto.

💬 ## UNA ÚLTIMA PREGUNTA SOBRE DIOS. SI TÚ NOS HICISTE, ¿QUIÉN TE HIZO A TI? (LUCIANO, 14 AÑOS, ROMA, ITALIA)

Es una pregunta maravillosa, Luciano. Lo es porque se enfoca en uno de los grandes misterios del universo.

Nadie me "hizo", Luciano. Yo soy la vida misma. Yo soy lo que es, lo que fue y lo que será siempre. Nunca hubo un momento en que Yo no existiera.

Y tú, Luciano, eres igual. Siempre fuiste, eres y serás. Es así porque tú y yo somos uno mismo. Lo que yo soy, tú también lo eres, Lo que tú eres, yo soy. Somos lo mismo, somos vida en expresión. Somos lo que es.

Yo soy la suma total de todo, y tú eres parte del todo, expresándose a sí mismo como Luciano. Tú y yo no podemos estar separados de ninguna manera.

Cuando dejes de expresarte como Luciano (es decir, cuando hagas eso a lo que llamas "morir"), continuarás viviendo y expresándote como una parte de mí. Es imposible que dejes de hacerlo porque eres parte de quien yo soy, y nada de mí puede tener fin.

Y así, Luciano, tu vida continuará por siempre. Tras abandonar el cuerpo que ahora tienes, podrás conservar la identidad de "Luciano" durante todo el tiempo que quieras, durante todo el tiempo que esa identidad te siga siendo útil.

Cuando ya no te sea conveniente reconocerte como Luciano, te fundirás con la Unidad y serás una parte de mí que no tiene una identidad individual. Esta fusión con la Unidad es a lo que algunos humanos han denominado nirvana. Es la extinción del deseo y de la conciencia individual.

ESO NO ME SUENA BIEN. ¿QUÉ NO SIEMPRE QUERRÉ TENER DESEOS Y UNA CONCIENCIA INDIVIDUAL?

Cuando te conviertes en uno con el Todo, no tendrás deseos porque serás aquello de dónde surgen todos los deseos. En cierto sentido, el deseo no es deseable, ni siquiera posible, porque ya eres lo que deseas.

Así, se elimina de tu experiencia el deseo expresado como un "anhelo". Sucede lo mismo con el querer y el necesitar. Te conviertes en quien "quiere" y quien es "querido", en quien "necesita" y en quien es "necesitado". En este estado de unidad total te es imposible querer y necesitar.

Es la felicidad absoluta, el Cielo más anhelado.

Ahí estás en armonía con la vibración primigenia, te conviertes en parte de ella. En el sonido de "om", en la invocación de la vida.

Al ser estimulado por esta vibración, volverás a diferenciarte una vez más, comenzarás a separarte del Todo y a convertirte en una parte específica e individual del Todo.

¿POR QUÉ? ¿POR QUÉ NO ME PUEDO QUEDAR CON EL TODO? ¿POR QUÉ NO PUEDO PERMANECER EN LA FELICIDAD ABSOLUTA?

El proceso permanente de unificación y diferenciación es el proceso básico de la vida misma. Ocurre en todos los sitios del universo, a todos los multiniveles y en todas las dimensiones.

El proceso básico no te exige que abandones la alegría. De hecho, el proceso es la alegría misma. Tú puedes experimentarla en cualquier momento del proceso, lo único que debes hacer es recordar quien en realidad eres, y lo que está sucediendo.

¿Y ESO CÓMO PUEDO HACERLO?

De muchas formas. Al meditar, al orar, al hacer el amor, al oler una flor, al componer música, al besar a un bebé, al hacer un dibujo, al cocinar un pay, al reparar el drenaje. Al hacer cualquier cosa con alegría, cualquiera. Al vivir tu vida al máximo, al caminar en por el sendero de los tres caminos: Diviértete. Contagia el gozo. Comparte el amor.

¡YA ENTENDÍ, GRACIAS! ¿ME PUEDES AYUDAR A ENTENDER MEJOR ESTE PROCESO? TODAVÍA NO COMPRENDO BIEN LO QUE DICES SOBRE LA UNIDAD Y ESO QUE DIJISTE ACERCA DE LA... ¿DIFERENCIACIÓN?

Sí, es cuando una parte de algo se convierte en otra diferente y ya no se parece al resto de aquello a lo que pertenecía. Es como cuando te quitas el uniforme de la banda escolar. Todavía eres miembro de la banda, pero ahora te ves distinto, pareces más tu "yo individual" que el "yo colectivo" al que llamas "la banda".

Imagina que esta parte no diferencial de la vida es la sección más grande de todo lo que es. Considera que es el pozo no individualizado de energía, el pozo de donde surge todo lo que es individual.

Este "pozo" es a lo que muchos llaman Dios. Es de donde surge todo. Es de donde surge todo en su forma diferenciada. Es la célula madre del universo.

¿QUÉ ES UNA CÉLULA MADRE?

Escúchame "Los planos del universo se encuentran impresos en tu propio cuerpo". Su química guarda el secreto para acceder a los mecanismos de toda la vida. Dentro de ti ha permanecido el secreto más grande de la vida, y tú lo habías buscado en todos los demás lugares.

Las "células madre", como las llaman sus médicos biólogos, son la base de todo en tu cuerpo. Estas células tienen dos cualidades "divinas". La primera es la inmortalidad, y la segunda es la capacidad para "mutar de forma".

¿QUÉ?

Es la verdad. La mayoría de las células se dividen un número finito de veces, y luego perecen. Por otra parte, las células madre se pueden cultivar para continuar dividiéndose infinitamente.

En otras palabras, bajo las condiciones adecuadas, se pueden duplicar por siempre. También pueden convertirse en cualquier otro tipo de célula existente. Es decir, bajo las condiciones adecuadas, se pueden convertir en cualquier cosa.

¿ME ESTÁS TRATANDO DE TOMAR EL PELO?

No, para nada. A finales del siglo XIX, los humanos se enteraron de la existencia de las células madre. En aquel tiempo se dieron cuenta de que, así como lo explican sus diccionarios, estas células eran "células no especializadas que producen células diferenciadas".

Aun así, a tu especie le llevó más de cien años descubrir cómo aislarlas y estimularlas para que adquirieran la forma específica necesaria para producir partes específicas de tu cuerpo. Actualmente, la ciencia médica puede producir cualquier cosa, de huesos a músculo cardiaco y tejido cerebral, a partir de las células madre.

También están aprendiendo sobre otros misterios, como la clonación y la ingeniería genética. Ya están decodificando el genoma, y analizando el ADN de los humanos y de otros organismos. Muy pronto les será posible identificar la situación cromosómica de cada uno de los genes humanos y determinar su estructura química precisa. Con esa información podrán entender su función en la salud y las enfermedades.

Están a punto de descubrir el secreto de la vida eterna.

GUAU...

Sí, una vez más… guau. Ha habido muchos "guau" en esta conversación, pero éste es el más enfático.

Aquí estamos hablando del proceso básico de la vida misma. A lo que ustedes le llaman "Dios" es la célula pura indiferenciada de todo lo vivo. Para el universo, esta célula es lo que la célula madre para tu cuerpo.

El secreto de Dios es el mecanismo que se encuentra en tu propio cuerpo. Es el mecanismo de todo lo vivo. Desde el principio de los tiempos, los místicos han dicho que, cuando te entiendas a ti, entonces entenderás a Dios. Es una verdad en el aspecto físico y también en el aspecto espiritual. Y ustedes están a punto de descubrirlo.

AY, DIOS MÍO.

Así es, estás en lo correcto, no lo pudiste haber dicho mejor: "Ay, Dios mío". La ciencia y la espiritualidad están convergiendo. Sus caminos se han unido de la inevitable forma en que siempre debió ser. Ésta es una época de emocionantes descubrimientos. Tus padres, los padres de tus padres, y sus contemporáneos, jamán lo habrían imaginado.

Ahora seguramente entiendes mejor que nunca por qué te acercaste a este libro, y no sólo por qué llegaste a él, sino por qué también llegaste a tu cuerpo, en este planeta, y en este momento específico.

Antes de ahora, jamás en la larga vida de la especie humana, se había presentado un momento tan maduro y lleno de posibilidades, tan lleno de desafíos, y tan preparado para una visión clara y emocionante.

Tú y los otros jóvenes del mundo van a vivir la mayor parte de su vida en este momento cósmico. La gente mayor que te rodea se acercó a estos sucesos, pero ya verás que a ti te tocará vivirlos.

También te tocará afrontar las implicaciones morales y espirituales de todo lo que acabo de revelar, y ya irás decidiendo lo que todo esto significa.

¿Tú crees que llegaste a este tiempo y lugar sólo por casualidad? Ya te lo había dicho: no.

Éste es el momento más extraordinario en la historia humana y tú estás aquí para compartir toda la emoción y para crearla.

19

Una última pregunta

💬 DIOS, SI PUDIERAS CAMBIAR ALGO DE LA SOCIEDAD ACTUAL, ¿QUÉ SERÍA? (PETER, 15 AÑOS)

Cambiaría sus creencias acerca de quiénes son, de quién soy yo, y de cómo es la vida.

Haría que se dieran cuenta de que ustedes y yo somos uno; que, de la misma forma, ustedes son uno con todo y todos los demás, y que la vida es eterna, que no tiene principio ni fin.

Estas sencillas ideas serían suficientes para alterar el curso de su experiencia por siempre y cambiarían el mundo entero.

Y ENTONCES, ¿POR QUÉ NO LO HACES? ¿POR QUÉ NOS AYUDAS A DARNOS CUENTA DE ESO? ¿POR QUÉ NO HACES ESE CAMBIO EN NUESTRA SOCIEDAD?

Peter, yo no hago nada por mí mismo. Si lo hiciera estaría rompiendo la ley del libre albedrío y estaría interfiriendo de manera directa con sus vidas.

¿ESTARÍAS VIOLANDO LA "LEY PRIMIGENIA"?

Precisamente.

¿ENTONCES ESO ES ALGO QUE NO VA A CAMBIAR JAMÁS?

La única forma en que esto podría suceder sería a través de ti. Yo no puedo hacerles algo A ustedes, sólo puedo hacerlo A TRAVÉS de ustedes. Es así porque ustedes son quien yo soy –Dios– expresado como, en, y a través de ustedes.

Eso es lo que he venido a decirte. Eso es lo que tú viniste a escuchar. Tú y toda la gente que tiene el libro en sus manos.

Y ENTONCES, ¿CÓMO PUEDO CAMBIAR AL MUNDO?

Hasta el momento, los mayores esfuerzos de sus gobiernos, sus sistemas sociales, e incluso de sus religiones, no han sido suficientes para modificar los comportamientos humanos más básicos. Y por ello, a pesar de todo el tiempo que ha pasado, las cosas siguen estando más o menos igual entre los seres humanos: riñas, peleas, asesinatos, y una seria falta de talento para compartir y amar con plenitud.

¿POR QUÉ?

Porque lo único que hacen los humanos es tratar de variar las condiciones de vida en su planeta, en lugar de cambiar de raíz las creencias que generaron dichas condiciones.

Los humanos continúan tratando de eliminar las condiciones de pobreza, hambre, miseria, opresión, prejuicio, falta de oportunidades, violencia, guerra… Están empeñados en hacer que estas condiciones desaparezcan.

Lo han intentado de diversas formas: con la persuasión religiosa, los mandatos legislativos, los decretos monárquicos, las dictaduras paternalistas, los gobiernos totalitarios, los levantamientos sociales. En fin, lo han tratado de todas las maneras que se les ha ocurrido, y siguen sin poder deshacerse de las condiciones.

Ni con todo el supuesto avance de la humanidad, su sofisticada tecnología, la abundancia y la riqueza creadas recientemente, ni con toda la profundización de su conciencia, han sido capaces los humanos de eliminar los problemas esenciales de pobreza, hambre, miseria, opresión, prejuicio, falta de oportunidades equitativas, violencia y guerra.

Y además, no pueden hacerlo porque dichas condiciones son el reflejo de sus creencias, creencias que no han cambiado. Si quieren que su mundo cambie, van a tener que empezar a trabajar en ellas.

Los comportamientos y las condiciones se pueden modificar, pero sólo temporalmente. Si lo único que les interesa es paliar la situación, tener algo de alivio temporal, entonces sigan enfocándose en las condiciones. Pero, si lo que quieren es conseguir soluciones a largo plazo, entonces deberán ayudarle a la gente a cambiar sus creencias.

Siempre recuerda que "Las creencias generan comportamientos y los comportamientos generan condiciones".

Funciona de la misma manera en la vida individual y en la realidad colectiva que ustedes van forjando en todo el planeta.

¿CÓMO PODEMOS MODIFICAR NUESTRAS CREENCIAS? ¿QUÉ TENEMOS QUE HACER?

Antes que nada, deben tener claro cuáles son las creencias que quieren modificar. La mayor parte de la gente ni siquiera sabe en qué quiere creer, no ha reflexionado con profundidad al respecto porque está demasiado ocupada en la vida. Las personas están demasiado ocupadas tratando de resolver los problemas que son producto de sus creencias y, por tanto, no tienen tiempo para profundizar en las creencias que les dieron origen a los problemas.

¿CUÁLES SON LAS CREENCIAS QUE DEBEMOS CAMBIAR?

La raza humana cree firmemente en la necesidad. No sólo cree que necesita bienes, también cree que estos bienes son escasos y que no serán suficientes para cubrir la necesidad. Cree en la falta de unidad, en el fracaso y en la superioridad.

Pero principalmente, cree en la condicionalidad del amor. La raza humana cree que el amor es condicional, que mi amor también lo es, que todo el amor es condicional y, por tanto, cree que, para poder recibir el beneficio del amor, se deben cumplir varios requisitos. Cree que es necesario juzgar quién sí los cumple y quién no, y también cree que quienes fracasan en este aspecto, deben ser condenados.

Los humanos creen de una manera demasiado profunda, en este sistema de falta de unidad, escasez, enjuiciamiento, condenación y superación, y por ello, se permiten comportamientos acordes a tales creencias. Es así como producen toda su miseria y dolor.

Por último, la raza humana cree que no es posible desobedecer las creencias básicas, ni volver a crear nuevas porque no sabe cómo hacerlo. La raza humana también cree en la ignorancia.

Éstos son los diez engaños de los humanos, son parte esencial de su realidad terrestre, y a pesar de eso, todavía pueden cambiar las cosas.

¿ENTONCES CÓMO LO HACEMOS?

Lo primero que deben hacer es entender cuál es el verdadero problema, que es lo que están haciendo aquí. Luego deben buscar soluciones. Las soluciones radican en modificar sus creencias básicas y ayudar a otros a hacerlo.

OKEY, PERO ANTES DE ESCUCHAR LAS SOLUCIONES, QUIERO ASEGURARME DE QUE TENEMOS EL PODER DE GENERARLAS. PORQUE NO QUIERO SUFRIR OTRA DESILUSIÓN. O SEA, SÍ PODEMOS HACER ESTO, ¿VERDAD? A PESAR DE QUE NADIE LO HA HECHO ANTES, ¿CIERTO?

A nadie se le había explicado antes con este nivel de claridad. En la actualidad, más y más gente se está dando cuenta de que los problemas que enfrenta la raza humana son reales, y que podrían destruir su especie y su hogar. Ahora, más y más gente está prestando atención y escuchando con claridad qué es lo que debe hacer para colaborar en la solución.

Es por eso que la tuya es una época muy importante. Es por eso que este libro "cayó" en tus manos ahora.

Sí, ustedes tienen el poder de volver a crear su realidad en la Tierra. Por supuesto. Aquí es en donde entra su poder para crear, su poder original. Y ésa es tal vez la primera creencia que deben cambiar. Tienen que deshacerse de la idea de que carecen de este poder.

PORQUE –Y UNA VEZ MÁS ESTAMOS DE VUELTA EN EL ASUNTO– LO QUE CREEMOS, LO VIVIMOS.

Exactamente, y como algunas cosas son más difíciles de creer que otras, también son más difíciles de vivir, de experimentar.

¿COMO CUÁLES?

Bien, pues es más sencillo imaginar que vas a encontrar un lugar para estacionarte donde quieres, que imaginar que la falta de unidad o la separación no existen. O que la condenación o la ignorancia tampoco existen. Es por eso que, al usar el poder original, mucha gente está dispuesta a producir "resultados menores", en lugar de usar su poder para producir resultados de mayor importancia: porque no cree poder hacerlo.

De la misma manera, algunas personas pueden experimentar los pequeños y negativos encuentros de la vida como si fueran obsequios (las llaman "bendiciones disfrazadas"), en tanto que consideran que los encuentros negativos de mayores proporciones son batallas y dramas (les llaman "desgracias" o "tragedias"). Es decir, estas personas creen que tienen el poder para transformar los sucesos menores, pero no para modificar los mayores.

Los maestros son gente que cree que puede usar su poder original (o lo que algunas personas llaman el poder de Dios o el poder de la oración) para crear cualquier cosa, y por tanto, llegan a producir lo que se conocen como "milagros".

ENTONCES, SI CREO QUE MI VIDA NO TIENE QUE SER DE LA FORMA QUE ES Y QUE, DE PASO, EL MUNDO TAMPOCO TIENE QUE SER ASÍ, ENTONCES SÍ PUEDO MODIFICARLO.

Sí, así es como se han llevado a cabo algunos de los cambios que ya conoces. En algún lugar, alguien creyó que era posible. Y así fue. Por lo general, sucedió porque esa persona en particular lo hizo posible.

Es a lo que me refería anteriormente: no renuncies a la esperanza, nunca abandones tus intentos de cambiar tu vida o el mundo.

Todos ustedes se acercaron a este libro, en este momento, para dar inicio a la siguiente etapa de su viaje. Es un viaje hacia la esperanza, un viaje a la integridad, es un viaje a casa.

Aquí hablamos de despertar, de involucrarse. Hablamos de vivir tu vida de una nueva forma, con intención, propósito y claridad. Con más diversión de la que jamás imaginaste.

¿Te acuerdas del sendero de los tres caminos?

Diviértete.

Contagia el gozo.

Comparte el amor.

Y hombre, ¡vaya que vas a tener oportunidad de hacer todo esto en los años venideros!

¿Estás listo?

¡Bien! Pues comienza ahora.

Hoy mismo, en casa. Mañana, en la escuela.

Comienza ahora.

Es lo único que necesitas. Es por ello que se puede decir con tanta seguridad que ningún reto es demasiado grande para ti. Nada de lo que te dije es demasiado. Tú eres la diversión, el gozo y el amor. Eso eres, de forma natural: sólo tienes que creerlo.

Diviértete al hacer cualquier tarea que emprendas, sí, incluso yendo a la escuela. Sólo diviértete. Míralo como es: un paso más en el camino a la más grande vida que podrías esperar vivir.

Diviértete con todo, es posible. Sólo quítale el drama y el estrés al asunto. Va a ser muy bueno.

Contagia el gozo a quienes te rodean. Lo puedes hacer con una simple sonrisa, una carcajada, una palabra de aliento para un compañero de viaje, con un favor para un amigo o echándole la mano a tus padres.

Comparte el amor con todos, hazlo de la forma que te indique tu alma dependiendo del momento y del tipo de relación que tengas con cada persona, y contigo mismo. Sal ahora y crea el mundo tal como lo quieres. Sal y celebra la vida y todo lo que te hace ser tú.

Sal y recréate de nuevo en la versión y la visión más grande que has tenido de quien en realidad eres.

Ésta es mi invitación. Éste es tu sueño. Ésta es nuestra siguiente gran aventura.

Algunas palabras finales

Al principio de este libro dije que tú mismo lo habías traído a tus manos, y así fue. Lo hiciste para empoderarte y escuchar, tal vez con más claridad que antes, aquellas verdades que tu corazón siempre ha sabido, las verdades con las que puedes cambiar el mundo.

Los sucesos que tuvieron lugar en Estados Unidos el 11 de septiembre de 2001 son una muestra desesperada de que debemos cambiar nuestro mundo. De otra manera, en muy poco tiempo ya no habrá mundo que cambiar. Pero a pesar de los horribles sucesos de aquel día, en este mensaje de clausura, quiero decirte que tu mundo puede ser uno de amor y paz. Que tu experiencia puede ser una experiencia más gozosa y que nuestra vida, también puede ser una vida más fructífera.

Tras el *shock* que recibieron aquel día de septiembre, millones de personas de todo el mundo se sienten ahora más motivadas que nunca para modificar la forma en que vivimos la vida en este planeta. Pero, ¿cómo se puede lograr eso? Creo que ahora sé, por lo menos una buena manera de lograrlo. Reflexiona acerca de lo que quieres experimentar en tu propia vida y en el mundo, y luego ve si existe alguna manera de que tú mismo seas la fuente de esa experiencia.

Una de las enseñanzas esenciales de *Conversaciones con Dios* es: Lo que tú quieras experimentar, bríndaselo a alguien más. Así que, si quieres tener más paz, amor y entendimiento, busca la manera de ofrecer más paz, amor y entendimiento a todas aquellas personas con cuyas vidas estás en contacto. Si quieres sentirte seguro, hazle saber alguien más que está seguro. Si quieres entender mejor aquello que parece incomprensible, ayuda a otros a entender mejor. Si quieres sanar tu propia tristeza o ira, intenta sanar la tristeza o la ira de alguien más.

Recuerdo que en el Capítulo 15, alguien preguntó "¿Por qué siempre tengo que dar yo el primer paso?", y eso me recuerda la maravillosa indagación del alma que ofrece la tradición judía: "Si no es ahora, ¿cuándo? Si no soy yo, ¿quién?".

Son ustedes, la gente joven, quienes pueden darnos el cambio que nos aleje del tipo de locura que pudimos presenciar el 11 de septiembre de 2001. Ustedes pueden señalarnos la dirección hacia el mañana, desde ahora. Creo que ya sabes que no podemos continuar participando en la creación conjunta de nuestras vidas en este planeta, de la misma forma que lo hicimos en el pasado. Casi todos los jóvenes lo saben. Se lo han dicho al mundo por años, a través de manifestaciones que van desde protestas hasta poemas y letras de canciones. Algunos de ustedes se sienten molestos porque no los han escuchado. Y justo ahora, en este punto tan crítico en la historia de la humanidad, tal vez el enojo no esté tan fuera de lugar. De hecho, podría ser una bendición. Si usas tu enojo para señalar el lugar donde se encuentra la causa, y no el lugar en donde yace el culpable, podrías ser quien guíe el camino hacia la sanación.

A mí me parece que la causa es obvia. Se discutió a lo largo de todo el libro. Vivimos en un mundo que opera bajo terribles malentendidos sobre la vida. La mayoría de los humanos no ha logrado aprender las enseñanzas más básicas. La mayoría no ha logrado recordarlas. La mayoría no ha logrado entender la sabiduría espiritual básica. En pocas palabras, la mayoría de los humanos no ha escuchado a Dios y, por lo tanto, ahora tienen que verse cometer atrocidades.

El mensaje de *Conversaciones con Dios* es muy sencillo: Todos somos Uno. Es un mensaje que la raza humana ha ignorado por mucho tiempo. Nuestra mentalidad de separación ha opacado todas las creaciones humanas; y, como nuestras religiones, estructuras políticas, sistemas económicos, instituciones educativas y todo nuestro enfoque de la vida, se basan en la noción de que estamos separados, hemos sido capaces de infligir todo tipo de daño sobre los otros seres humanos.

Es una herida que a su vez ha provocado otra herida. Porque todo produce similares: la negatividad sólo puede producir negatividad.

El problema ha alcanzado proporciones insospechadas que afectan a todo el planeta. Eso nos debe quedar muy claro. La raza humana tiene el poder de aniquilarse a sí misma. En una tarde podríamos terminar con toda la vida en el planeta, así nomás.

Ésta es la primera vez en la historia de la raza humana, que podemos asegurar lo anterior. Porque antes, podíamos destruir en un solo día, un pueblo, una ciudad, e incluso una nación, pero nunca el mundo entero. Como eso es posible ahora, le pido a la gente joven de todo el mundo que se enfoque en los cuestionamientos que nos presenta este nuevo tipo de poder.

A diferencia de como se ha hecho en el pasado, espero que respondan a estos cuestionamientos desde una perspectiva espiritual, no política ni económica.

Espero que tengan sus propias conversaciones con Dios, porque para solucionar los más grandes problemas, sólo se puede acudir a la mayor sabiduría y verdad. Y creo que en este momento estamos enfrentando los mayores problemas y desafíos en la historia de nuestra especie.

Si quieren que sus hijos y los hijos de sus hijos vivan toda la belleza del mundo –de la cual hay en demasía–, creo que tendrán que convertirse en activistas espirituales desde este preciso momento. Tienen que decidir convertirse en una solución al problema.

Ése es el desafío que se encuentra frente a cada persona del mundo ahora, joven o adulta. Sin embargo, son los jóvenes quienes cuentan con el vigor, la fuerza, la energía y la auténtica motivación para enfrentarlo. Tienen la motivación porque el mundo del mañana será el mundo que les toque vivir a ustedes, el mundo que tienen que crear.

Aquí les imploro: por favor, por favor, no recreen al mundo de la misma manera en que lo ven hoy.

Por favor, si alguna vez lo fueron, ya no sean cínicos respecto a la vida. Por favor, no pierdan el interés en ella. Por favor, no permitan que pase un día más sin involucrarse activamente –desde ahora, desde donde se encuentran, en casa, en las escuelas, en las comunidades y en su mundo– en el proyecto de brindarle a la experiencia humana, mayor unidad, entendimiento, armonía y amor.

Conviértanse en activistas y ayuden a otros a cambiar, empezando por lo menos, con las antiguas creencias que dieron origen a todos los crueles, egoístas, descorteses e inhumanos comportamientos con los que viven ahora. Conviértanse en hacedores del cambio, en gente que ya se cansó de hablar de lo que no funciona, y que ahora está decidida a generar soluciones.

Nuestra fundación sin fines de lucro, ReCreation, está formando una alianza internacional de jóvenes decididos a seguir este camino. Si te gustaría ponerte en contacto con otras personas del mundo que también se han unido a ciertas actividades y programas con el fin de cambiar el mundo, o si estás interesado en abrir un centro de este tipo en tu comunidad, por favor llama o escríbenos a:

The Changers
c/o The ReCreation Foundation
PMB # 1150-1257 Siskiyou Blvd.
Ashland, OR 97520
Teléfono: 541-201-0019

También estamos en Internet, en: www.thechangers.org
O bien, escríbenos a nuestro correo electrónico: thechangers@cwg.cc

Ahora permítanme despedirme de ustedes, jóvenes amigos. Espero que esta conversación les haya servido y les haya proporcionado una mayor voluntad para vivir desde su sabiduría y su verdad interiores, todos los días de su vida. El mundo del mañana, es suyo. Créenlo de la mejor manera posible. Les envío mi amor.

Neale Donald Walsch
Ashland, Oregon
12 de septiembre de 2001

Este libro se terminó de imprimir en el mes de
Marzo del 2011, en Impresos Vacha, S.A. de C.V.
Juan Hernández y Dávalos Núm. 47, Col. Algarín,
México, D.F., CP 06880, Del. Cuauhtémoc.